2023年度全国教育科学规划课题教育部重点项目
"多模态数据支持的同步课堂深度交互分析模型研究"
（课题编号：DCA230462）的阶段性成果

双师课堂的
实践困境与破解路径

郭　炯　杨丽勤　著

Practical Challenges in Dual-Teacher Classrooms and
Approaches to Addressing Them

科学出版社

北　京

内 容 简 介

本书聚焦当前教育数字化背景下双师课堂的实践探索，系统阐述双师课堂的内涵本质，介绍双师课堂实践在区域、学校、师生个体成长等层面取得的成效，分析双师课堂实践过程中组织、教学、技术环境等维度面临的问题和困境，深入剖析影响双师课堂的主要因素，从组织与教学两个维度提出切实可行的双师课堂实践路径。其中，组织层面的实践路径包括构建"五位一体"协同团队，优化双师课堂组织结构，建立协同激励机制，激发主体的协同动力，建立统筹协调机制，合理安排双师课堂实践，优化双师课堂环境，为双师课堂多元交互提供支持等。教学层面的实践策略包括有效协同、公平教学、深度交互等。本书还总结了已有研究与实践提出的代表性双师课堂组织与教学模式，并提供了实践案例。

本书可供教育工作者、政策制定者及相关研究者参考。

图书在版编目（CIP）数据

双师课堂的实践困境与破解路径 / 郭炯, 杨丽勤著. -- 北京：科学出版社, 2025. 6. -- ISBN 978-7-03-080521-8

Ⅰ. G424.21

中国国家版本馆 CIP 数据核字第 20246U57F2 号

责任编辑：朱丽娜　高丽丽 / 责任校对：王晓茜
责任印制：徐晓晨 / 封面设计：有道文化

科学出版社 出版
北京东黄城根北街 16 号
邮政编码：100717
http://www.sciencep.com
北京建宏印刷有限公司印刷
科学出版社发行　各地新华书店经销
*
2025 年 6 月第 一 版　开本：720×1000　1/16
2025 年 6 月第一次印刷　印张：12 3/4
字数：220 000
定价：108.00 元
（如有印装质量问题，我社负责调换）

目　　录

第1章

双师课堂的提出背景

　　本章旨在介绍双师课堂的提出背景，分别从城乡教育发展不均衡制约教育目标实现的现状，双师课堂作为信息技术助力城乡教育优质均衡发展重要举措的优势，以及双师课堂的高质量发展面临的困境等方面展开。

1.1 我国城乡教育发展不均衡制约了教育公平目标的实现

教育公平是指每个人都能平等地获得教育机会、享受教育资源和接受教育评价，是社会公平的重要基础。习近平总书记明确指出，"教育公平是社会公平的重要基础，要不断促进教育发展成果更多更公平惠及全体人民，以教育公平促进社会公平正义"①。然而，我国教育规模庞大，地域差异显著，教育公平发展面临困境，主要表现为城乡差距、区域差距和校际差距大。城乡教育发展不均衡是制约教育公平的主要原因，具体表现为乡村学校办学条件有待提高、优质资源不足、优秀师资短缺，存在开不齐、开不足、开不好国家规定课程的现象，教育质量不高，与城市教育发展水平存在较大差距等。

在乡村振兴战略背景下，乡村教育事业受到高度关注。《教育强国建设规划纲要（2024—2035 年）》明确提出"推动义务教育优质均衡发展和城乡一体化""逐步缩小城乡、区域、校际、群体差距"，为乡村教育发展指明了方向。让乡村学生与城市学生享有更公平的教育机会和资源，使每个学生都能获得公平而高质量的教育，成为教育工作者追求的主要目标。总之，乡村教育发展不好，城乡教育差距大，是制约教育公平目标实现的主要因素，也是我国教育发展亟待解决的问题。

---

① 习近平在北京市八一学校考察时强调 全面贯彻落实党的教育方针 努力把我国基础教育越办越好 [EB/OL]. (2016-09-29)[2024-10-20]. https://www.gov.cn/guowuyuan/2016-09/09/content_5107047.htm.

1.2 双师课堂是信息技术助力城乡教育优质均衡发展的主要举措

  城乡学校教育资源配置不均是制约城乡教育优质均衡发展的主要问题。以网络为代表的信息技术具有跨时空数据传输和资源共享的技术优势，为解决乡村薄弱学校资源短缺、促进教育资源跨区域共享、扩大优质教育资源的覆盖面提供了技术支撑，为破解城乡教育均衡难题提供了新路径。因此，推进教育信息化成为促进城乡教育均衡发展的有效途径。双师课堂作为信息技术支持下的一种课堂教学新形态，能够发挥互联网的优势，将不同学校的教师协同起来，共同为两端班级实时授课，促进优秀教师智力资源跨区域、跨校共享。双师课堂成为信息技术支持城乡协同，帮扶农村薄弱学校解决师资短缺和国家规定课程难以开齐、开足、开好等问题的主要途径，也成为信息技术赋能乡村教师、助力城乡教育优质均衡发展的主要举措。我国高度重视信息技术手段在城乡教育均衡发展中的作用。2020 年 3 月，教育部印发《关于加强"三个课堂"应用的指导意见》，提出采用专递课堂、名师课堂、名校网络课程三种应用模式，发展更加公平而有质量的教育，加快推进教育现代化。其中，包括同步上课和专门上课两种方式的专递课堂，本质上就是双师课堂。

  此外，国务院参事汤敏教授曾提出通过"双师教学"将城市优质的教学资源同步到贫困地区的薄弱学校，帮助这些学校提高教学水平，改善教学质量，使每一名乡村学生都能享受到名师教学，与城市学生共同成长。[①]成都七中一块屏幕改变命运的背后，也体现了双师课堂在城乡教育优质均衡发展中的重要作用。可见，双师课堂已经引起教育界的关注，而且我国多地已经开展了相关实践，证明了双师课堂促进城乡教育优质均衡发展的重要意义和价值。

---

① 双师教育，让优质教育资源成为扶贫重要力量[EB/OL]. (2017-02-17)[2024-10-20]. https://news.sina.cn/gn/2017-02-17/detail-ifyarref5703316.d.html.

1.3　双师课堂的高质量持续推进亟须探索破解困境的实践路径

　　我国多地纷纷开展双师课堂实践，虽然积累了一些经验，但仍面临诸多困难，双师课堂的实践效果参差不齐。例如，一些区域数十年如一日坚持开展双师课堂，积累了实践经验，提升了乡村教育质量，促进了城乡教育均衡。也有一些区域的双师课堂实践面临重重阻碍，甚至中途叫停，助力教育优质均衡发展的价值尚未充分体现，人们因此对双师课堂的价值产生了怀疑。那么，是哪些因素制约了双师课堂实践的推进？又是哪些因素促进了双师课堂的可持续发展？如何保障双师课堂高质量发展，成为研究与一线实践人员亟待回答的主要问题。这就需要深入实践，直面困境，寻求破解之道。

　　当前，有关双师课堂的研究已经取得了丰硕成果，但缺少系统的理论阐述。因此，本书尝试基于我国多地双师课堂的实践现状，结合已有的研究成果，深入剖析双师课堂的内涵本质，梳理双师课堂的实践困境，提炼双师课堂的影响因素，进而提出破解这一困境的主要路径。其中，在双师课堂的内涵分析方面，我们将对当前学界流行的几种观点进行阐述，对相近概念进行比较分析，进而从协同与交互两个方面分析双师课堂的本质特征；对于实践困境，则主要从双师课堂的组织与教学两个层面分析，提炼影响因素；对于破解路径，将紧紧围绕双师课堂的协同与交互的本质特征，分别从组织与教学两个层面，有针对性地提出双师课堂的实践路径和实践模式。本书研究成果的价值主要体现在两个方面：一方面，有助于丰富信息化促进乡村教育质量提升的理论成果，为信息化促进乡村教师发展和城乡教育均衡等的研究提供新的视角与思路；另一方面，能够为乡村学校、区域、教师培训机构等制定双师课堂常态、高效、可持续的实践方案提供参考依据。

第 2 章

双师课堂的内涵与本质

本章旨在厘清双师课堂的内涵与本质，以及其与相近概念之间的关系。首先，介绍有关双师课堂内涵的不同观点；其次，分别从协同与交互两个维度，深入剖析双师课堂的本质特征。

2.1　内涵界定及相关概念辨析

"双师课堂"一词在教育领域的应用广泛，但学界对双师课堂的理解和认识尚不统一，研究者从不同角度对其内涵进行了界定。我们重点分析三种代表性观点，明确不同观点的异同和适用领域，进而厘清本书关注的双师课堂的具体内涵及所指。

2.1.1　关于双师课堂的三种代表性观点

从字面理解，"双师"是指"两名教师"，"双师课堂"即由两名教师共同参与的课堂。由于课堂所在具体场域和所处时代特征的差异，双师存在的价值不同。因此，结合具体场域、时代、价值，双师课堂具有不同的表现形态。目前，关于双师课堂的观点主要有三种，具体如下。

第一，在基础教育领域，双师课堂被看作一种依托高科技手段存在的全新上课方式，即线上与线下相融合的高效课堂。在双师课堂中，有两位教师共同授课，一位为"教学名师"，主要负责共享自己的"智力资源"，即凭借自己多年的教学经验，借助网络等技术手段，通过远程直播等方式，为异地学生开展远程教学，扩大教育规模和优质教育资源的覆盖范围；另一位为"辅导教师"，主要负责本地课堂的秩序维持和课后辅导，即发挥自身能够与本地学生面对面交流的优势，根据每个学生的特质，提供有针对性的指导和支持。此外，双师课堂还将学习拆分为"学"与"习"，主讲教师主要负责"学"，旨在改变当地学生的学习现状，让学生在"学"的过程中，更高质、高效地吸收知识，促进学生成长；辅导教师则主要负责"习"，旨在结合每个学生的差异，提供更为贴心和有针对性的一对一辅导，帮助学生在"习"的过程中，更好地巩固所学知识，获得成长。

第二，在职业教育领域，双师课堂被认为是一种聘用企业技术专家辅助教学、提升学生综合职业素养的教学方式。

第三，双师课堂是人工智能时代教育发展的新形态，是基于人工智能发展起来的新型教学模式。持这种观点的学者认为，双师课堂是指人工智能教育机器人和教师共同在课堂中承担教学工作，人工智能教育机器人承担教师的部分教学任务，并提供个性化的学习服务。目前，国内关于人工智能教育机器人作为课堂助教或者作为教师角色的研究较少，有关人工智能教育机器人所在课堂的课堂环境研究的描述也较为模糊。[①]

我们通过分析以上三种观点发现，双师课堂均基于特定的教育教学需要，由两名优势互补的教师合作开展教学，以弥补各自在教学中存在的不足。双师中的一名教师为传统的课堂教师，另一名则为因特定教育教学需要而引进加入课堂的教师，在职业教育领域可以称为"工程师"，在基础教育领域可以称为"网络优秀名师"，在人工智能领域则称为"机器人教师"。本书关注的双师课堂为第一种类型，是基础教育领域为实现优秀教师智力资源共享、促进教育均衡，由优秀教师加入课堂与本地教师协同教学的一种教学形式。具体而言，双师课堂是为促进优秀教师智力资源共享，借助网络手段实现异地双师协同、异地同堂的一种课堂教学形式。

2.1.2　与双师课堂相近概念的比较

双师课堂教学实践自产生以来，衍生出了多种名称，如联体课堂、同步课堂、同步互动混合课堂、专递课堂等。下面对不同定义进行比较，以进一步明晰双师课堂的内涵。

联体课堂是指城市学校主讲教师所在的本地课堂与异地乡村学校的课堂互联，利用计算机技术、多媒体技术、通信技术和因特网，将城市学校或中心校课堂教学实况实时传输给其他学校，使处于不同地域的两所学校的学生同上一堂课。在联体课堂教学中，城市学校为"主"课堂，乡村学校为"副"课堂，

---

① 汪时冲，方海光，张鸽等. 人工智能教育机器人支持下的新型"双师课堂"研究——兼论"人机协同"教学设计与未来展望[J]. 远程教育杂志，2019（2）：25-32.

"主"课堂的优质教学通过网络实时传输到"副"课堂，从而使两个课堂的教师与教师之间、学生与学生之间、教师与学生之间形成同步教学、同步互动。可以看出，联体课堂强调的是城市与农村两端学校的教师、学生的互联。①

同步课堂是指通过远程视频互动系统，将城市名校名师的课堂同步、实时地传递到乡村小规模学校，实现优质师资和教学资源的共享，改变乡村小规模学校因师资和教学资源匮乏开不齐课程的困境，实现教育的公平和均衡发展。同步课堂需要城乡学校教师与教师、学生与学生、学生与教师的实时双向互动。

同步互动课堂是王继新教授于 2014 年提出的，即依托"互联网+"，打破实体学校、班级之间的界限，打通城镇课堂与乡村课堂的时空，将城镇学校的课堂教学实时传送到乡村学校，实现师生之间的多边、同步互动。②他还根据同步课堂主讲教师所在的本地课堂是否有学生，将同步课堂分为同步互动混合课堂和同步互动专递课堂两种类型。其中，同步互动混合课堂是指通过互联网将城乡学校连接在一起，将城市学校主讲教师所在的本地课堂的画面同步、实时地传递到乡村远端学校教师所在的异地课堂，使得乡村学校的学生可以与城市学校的学生同上一堂课。与同步互动混合课堂相似，同步互动专递课堂也是通过互联网的形式，将城市主讲教师的本地课堂与乡村学校的学生进行互联，城乡师生也可以进行双向互动。不同之处在于，同步互动专递课堂主讲教师所在的本地课堂没有学生，主讲教师授课的对象全部是乡村学校的学生，是主讲教师与异地课堂的互联。③

专递课堂是由主体学校（教学水平相对较高的学校）安排专职教师作为主讲教师，同时给几个小规模学校学生进行异地网络授课的网络应用模式。不同之处在于，同步课堂的主讲教师要同时面向本地和远端班级的学生授课，而专递课堂的主讲教师本地无学生，只面向远端学生授课。④两者均指向利用互联网优势帮助小规模学校解决因师资数量不足、质量不高等导致的开不齐课、开不好课的

---

① 汪时冲，方海光，张鸽等. 人工智能教育机器人支持下的新型"双师课堂"研究——兼论"人机协同"教学设计与未来展望[J]. 远程教育杂志，2019（2）：25-32.

② 转引自黄涛，田俊，吴璐璐. 信息技术助力农村教学点课堂教学结构创新与均衡发展实践[J]. 电化教育研究，2018（5）：47-52.

③ 王继新，施枫，吴秀圆."互联网+"教学点：新城镇化进程中的义务教育均衡发展实践[J]. 中国电化教育，2016（1）：86-94.

④ 沈俊汝，郭绍青，牟倩雯. 宽带卫星联校的应用模式及实践效果研究[J]. 现代教育技术，2019（10）：66-73.

问题。

　　双师课堂与双师教学密切相关，为便于理解，下面对双师教学的内涵进行介绍。汤敏指出，双师教学是中国人民大学附属中学与友成企业家扶贫基金会（2022 年更名为友成企业家乡村发展基金会）从 2013 年秋季学期开始的一项试验。在双师教学中，乡村学校的课堂教学由两位教师共同完成，一位是中国人民大学附属中学的优秀教师，一位是当地乡村学校的现场教师，借助互联网，每节课由两位教师配合完成。[①]张伟平、王继新指出，双师教学是国家基础教育资源共建共享联盟、中国人民大学附属中学、友成企业家扶贫基金会三方共同发起、主办和推广，在互联网背景下，由高校提供技术支持，中心城市优质资源介入，旨在促进教育均衡的具有公益性、创新性的一种教学模式。该模式的课堂教学由两位教师共同完成，一位是远在城市的学科优秀教师，另一位是薄弱学校的本地教师，每节课都是利用互联网设备通过直播（或录播）的形式为薄弱学校的学生授课。[②]基于以上分析，本书认为双师课堂是双师开展协同教学的课堂，是由优质学校的主讲教师和远端薄弱学校的教师远程协同开展教学的一种课堂形态。

2.1.3　双师课堂与同步课堂

　　本书关注的双师课堂在本质上与同步课堂有内在的一致性，因此本书中的双师课堂等同于同步课堂。

　　当前，不同学者从不同视角对同步课堂进行了界定，具体如下。

　　（1）通过以强带弱实现优质资源共享的一种形式

　　王继新等认为，同步课堂教学就是利用网络实现城乡的互联，使中心校主讲教师所在的"本地课堂"与远端学校教师所在的"直播课堂"之间实现全程同步课堂教学实况的输送，并实现本地课堂与异地课堂师生、生生之间的交流，真正

---

① 汤敏. 用"双师教学"模式改造乡村教师培训[J]. 中国教师，2015（19）：78-80.

② 张伟平，王继新. 信息化助力农村地区义务教育均衡发展：问题、模式及建议——基于全国 8 省 20 县（区）的调查[J]. 开放教育研究，2018（1）：103-111.

促进优质教育教学资源共享的一种教学形式。[①]该观点强调通过优质课堂（全程传输、多方互动），实现智力资源城乡共享。

梁林梅等认为，基础教育领域的同步互动课堂（又称作"专递课堂"），是指利用卫星或互联网技术，将一所学校的教师教学同步直播到异地的教学班级，实现不同地域学校（教学点）优质教育资源共享的一种教学形式。[②]该观点强调通过优质课堂（教师教学）同步直播，实现智力资源的跨地域共享。

此类观点强调同步课堂是利用卫星或互联网技术，将优质课堂（名师、活动、课件等）以全程直播的方式，实时输送给薄弱学校，打破地域限制，将不同区域、不同学校、不同班级的教师和学生跨时空连接在一起，将城市优质师资引入薄弱学校，以强带弱，促进城乡师生基于课堂教学的交互，实现城乡优质资源共享，促进薄弱学校发展。

（2）技术支持下的一种多向互动课堂教学模式

汪学均指出，同步课堂是一种新的教学模式，是指在远程开放教育理论的指导下，利用网络视频技术将中心校优秀教师的课堂教学活动及课件画面传输到小规模学校，将小规模学校班级的场景传输到中心校，从而实现两地班级同步互动教学的课堂教学模式。[③]

卢强等认为，同步课堂就是借助现代媒体技术工具和手段，以 1+1 或 1+2（一所中心校和一两所异地学校或教学点）的形式，在中心校和教学点之间搭建支持远程实时同步与互动的课堂教学环境，实现本地学校与异地学校（或教学点）的同步教学。[④]该观点强调同步课堂需要注重远程实时的同步和互动。

此类观点强调同步课堂是一种新的教学模式，通过互联网、多媒体、网络通信等现代信息技术，搭建远程实时同步、互动的课堂教学环境，使得主讲端与接收端的教学活动实况及课件画面可以相互同步传输。接收端学校的教师、学生不仅可以实时观看主讲端的课堂实况，还可以实时参与课堂讨论，主讲教师也可以

①　王继新，施枫，吴秀圆."互联网+"教学点：新城镇化进程中的义务教育均衡发展实践[J]. 中国电化教育，2016（1）：86-94.

②　梁林梅，陈圣日，许波. 以城乡同步互动课堂促进山区农村学校资源共享的个案研究——以"视像中国"项目为例[J]. 电化教育研究，2017（3）：35-40.

③　汪学均. 视频互动同步课堂教学模式研究[J]. 中国电化教育，2017（4）：122-128.

④　卢强，左明章，原渊. 基于技术接受模型的农村教师同步课堂采纳与使用影响因素研究[J]. 中国远程教育，2018（7）：61-69，80.

加强管理两地学生的学习，从而实现主讲端与接收端课堂的同步教学。

综上所述，当前研究者分别从不同角度对同步课堂进行了界定，基于功能角度的学者强调了双师课堂的优质教育教学资源共享功能，认为其是解决农村师资短缺、教育质量薄弱问题，促进城乡教育均衡发展信息化扶贫、扶智的重要举措；基于课堂角度的学者强调了同步课堂的互动特征；基于技术角度的学者强调同步课堂需要支持师生、生生实时交互，具备促进优质资源共享的授课或学习环境。①。

本书中的"双师课堂"与学者提出的"同步课堂"的内涵一致。因此，综合以上观点，本书从"优质学校协同帮扶薄弱学校，提高薄弱学校的教育教学质量"这一关注点出发，认为双师课堂是在远程教育理论的指导下，以网络技术环境和远程互动教学系统为支撑，由优质学校和薄弱学校教师协同配合，以同步互动方式实现对本地和异地学生同步上课的一种网络协同教学模式。其目的是通过协同互助，帮扶薄弱地区和学校促进教师专业发展，提高教育教学质量，增强自主发展能力。

2.2 双师课堂的本质特征

从教师教学和学生学习两个角度来看，可以将双师课堂的本质特征概括为协同、交互两个方面。

2.2.1 协同

"协同"（synergetics）这一概念源于古希腊语，意为协和、同步、和谐、协

---

① 林桂平. 同步课堂与优质教育资源城乡校际交流模式的构建初探——以滁州市田家炳中学和定远县拂晓初中为例[J]. 中小学教师培训，2015（5）：23-26；魏雪峰，杨俊锋. 同步网络课堂的理念、应用及未来发展[J]. 中国电化教育，2014（9）：93-99.

调、协作、合作等。这一概念的基本范畴涉及协调两种或两种以上的资源或个体，以协同一致的方式完成某一任务或实现某一目标的过程与能力。关于协同的定义，可以从多个角度进行解读。在《说文解字》中，"协"指的是"众之同和也"，"同"则意味着"合会也"。①这表明协同强调的是多个元素或个体之间的和谐、一致与合作。在康德的关系范畴论中，协同被视为主动与受动之间的交互作用，强调了不同元素之间的动态互动和相互影响。②德国物理学家哈肯认为，协同是指系统中诸多子系统的相互协调、合作或同步的联合作用集体行为，是系统整体性、相关性的内在表现。③协同主体多样，不仅包括人与人之间的协作，还包括不同应用系统之间、不同数据资源之间、不同终端设备之间、不同应用情景之间、人与机器之间、科技与传统之间等全方位的协同。祝智庭等从人机协同的角度指出，人机协同作为人类和机器竞争与合作的创序过程，是指人与机器一致地指向理想目标，朝向有序方向发展的动态过程。④

双师课堂是一个由多元主体构成的复杂开放系统，涉及不同层面。从区域教育层面来看，双师课堂是一个城乡教育协同发展系统，协同主体包括教育主管部门、信息化教育企业、城乡两校等。从课堂教学层面来看，双师课堂是一个双师协同教学系统，协同主体包括城乡两端教师，以及教研人员、电教人员、企业技术人员。无论是哪个层面，都体现了双师课堂的多元协同特征。因此，双师课堂作为一个协同系统，其目标实现需要以协同理论为指导。协同理论认为，系统的协同效应取决于系统内部各子系统（要素）之间的协同作用。⑤因此，多元主体间的有效协同是系统有序结构形成的内驱力，但各主体的利益诉求不同，需要处于核心地位的主体发挥组织与协调作用，使各主体达到优势互补。⑥同时，当系统中的子系统不依靠外界指令主动形成相互作用的关系而联合行动时，会形成自

---

① 许慎. 说文解字[M]. 北京：中华书局，1963：157，279.
② 康德. 纯粹理性批判[M]. 邓晓芒，译. 北京：人民出版社，2004：110-111，190-194.
③ Haken H. Synergetics：An Introduction. Nonequilibrium Phase Transitions and Self-organization in Physics, Chemistry, and Biology[M]. New York：Springer-Verlag，1978：3-12.
④ 祝智庭，戴岭，赵晓伟. "近未来"人机协同教育发展新思路[J]. 开放教育研究，2023（5）：4-13.
⑤ 转引自熊光清，熊健坤. 多中心协同治理模式：一种具备操作性的治理方案[J]. 中国人民大学学报，2018（3）：145-152.
⑥ 罗志刚. 中国城乡社会协同治理的逻辑进路[J]. 江汉论坛，2018（2）：74-79.

组织系统。①因此，双师课堂实践也应以自组织系统的形成为根本目标。基于协同理论，双师课堂的开展需要具备以下条件：①以区域及远端学校自主发展能力提升为根本目标。②由区域政府、教育主管部门、城乡学校及师生、高校教育技术专家、社会企业等组织课堂相关利益主体形成协同力量。其中，区域政府及教育主管部门是核心主体，发挥主导作用；城乡学校及师生是同步课堂系统的直接行为主体，要具有参与的积极性和动力；高校教育技术专家、社会企业等是同步课堂的外部主体，需要提供指导与支持服务。③激发各主体参与动力的协同机制。

2.2.2 交互

Wegerif 指出，交互是两方和双边的行动，可以表现为个体或小组间的相互作用。②Moore 从交互的社会性意义出发，对教育中交互的意义进行了阐释，认为交互行为可以建立个体之间的联系；交互是在某种学习环境中，两个或两个以上的个体为完成学习任务或建立人际关系而进行的双向交流。③

教育是一种特殊的人类交往形式，以促进人的全面发展为目的。课堂是教育教学的主阵地，以师生、生生交互为主要形式。关于远程教育中的交互，陈丽的远程学习教学交互层次塔理论认为，远程教育中的教学交互分为界面交互、信息交互和概念交互三个层次。界面交互是指学习者与媒体界面的交互；信息交互是指学习者与学习资源、学习者与其他学习者及学习者与教师的交互；概念交互是指学习者内部概念的同化与顺应的发生。④

双师课堂是混合了现场与远程的一种特殊教育形式，既包括面对面课堂，也包括网络课堂，因此双师课堂的交互兼具面对面教学与远程教学的交互特性。无论是哪种交互，均以促进学生认知、行为、情感的全面发展，以及促进知识建构

---

① 王宁申. 试论系统观与协同学[J]. 昆明大学学报，1997（2）：29-30，51.

② Wegerif R. In support of a functional definition of interaction[J]. American Journal of Distance Education，1997（2）：34-39.

③ Moore M G. Three types of interaction[J]. The American Journal of Distance Education，1989（2）：1-6.

④ 陈丽. 远程学习的教学交互模型和教学交互层次塔[J]. 中国远程教育，2004（5）：24-28，78.

和深度学习为目标。不同于一般远程教学交互，双师课堂中的教学交互具有实时同步性和多元交互性特征，且双师课堂中的学生不直接参与界面交互，教学效果会受到教师信息素养、教师对平台界面的熟悉程度及平台的功能属性等的直接影响；学生直接参与信息交互，本异地的师生、生生交互既是信息交互的核心，也是双师课堂教学交互的重点。总体来看，双师课堂以促进学生深度学习的概念交互为主要目的，界面交互和信息交互是基础与前提。顺畅的界面交互需要以教学环境为基础，有效的信息交互依赖于合理的学习活动设计。因此，要促进交互的发生，不仅需要有操作简便、性能可靠、功能完备的同步课堂教学环境，而且需要有支持多元交互发生、促进学生深度参与的教学活动。

第 3 章

双师课堂的实践成效

双师课堂旨在借助信息技术手段，共享优质教育资源，扩大优质教育资源的覆盖面，破解城乡教育发展不均衡的问题。因此，促进优质教育资源共享，提升乡村教育质量，实现城乡教育均衡发展，是实施双师课堂的主要目标。近年来，我国多地纷纷进行了双师课堂教学实践探索。那么，双师课堂的实践效果如何？本章以对我国新疆、广东、山东、海南、甘肃等多个省份的调研结果为依据，从区域、学校、教师和学生等不同层面分析双师课堂的实践成效。

3.1 区域教育发展层面

调研发现，区域教育主管部门等多方主体均认同双师课堂对区域教育发展的价值，且对双师课堂实践的持续开展持积极认可的态度。双师课堂在区域教育发展层面的主要成效包括以下几点。

3.1.1 缩小城乡教育差距

教育发展不均衡是制约我国教育公平实现的主要难题。"教育均衡"是指在公平思想和平等原则的支配下，教育组织者及发起单位和受教育人口在进行教育的过程中能够有公平的意愿和政策措施的保障，以接受同质的教育[①]，主要表现为区域、学校、群体等三个层面的教育均衡。其中，区域教育均衡是指一个地区的城乡教育发展的均衡。当前，随着经济社会的快速发展，一些地区的城乡二元社会结构矛盾依然突出，乡村学校的办学条件仍然较差，优质教育资源紧缺，教师结构性缺员等问题依然凸显，导致无法开齐、开足、开好国家规定的课程，城乡教育发展不均衡，乡村教育质量亟待提高。因此，努力办好乡村教育，提升乡村教育质量，缩小城乡教育差距，促进城乡教育均衡，成为我国教育发展的一项主要任务。

城乡教育发展不均衡主要表现为城乡教育资源配置不均、教育质量差距大，对应着教育均衡中的基本均衡和优质均衡。基本均衡强调资源配置层面的均衡，更多关注资源输入环节的公平性和资源数量的供给；优质均衡则强调教育质量的提升，注重严格标准，严把质量关，以质量均衡为核心。[②]国家层面高度重视城

---

① 翟博. 教育均衡发展：理论、指标及测算方法[J]. 教育研究，2006（3）：16-28.
② 王帅锋，杜晓利. 义务教育从基本均衡走向优质均衡：一个政策调适案例[J]. 教育发展研究，2019（21）：34-40.

乡教育均衡问题，倡导城乡教育一体化发展。《国家中长期教育改革和发展规划纲要（2010—2020 年）》将"建立城乡一体化义务教育发展机制"作为一项战略任务。因此，解决目前城乡教育发展不均衡问题的关键是：推进城乡义务教育一体化发展，补齐农村教育短板，缩小城乡教育的差距。

教育信息化是促进城乡教育均衡发展的有效路径。双师课堂作为利用信息化促进城乡教育一体化发展的主要形式，在促进城乡教育均衡发展方面发挥了重要作用，不仅体现为基本均衡，也体现为优质均衡。

1. 双师课堂促进了区域教育基本均衡

这方面主要是指双师课堂扩大了优质教育资源的覆盖面，实现了优质教育资源的共享，促进了城乡教育资源的均衡配置。利用双师课堂促进优质教育资源共享，是区域层面开展双师课堂的主要目的之一。如访谈中某电教馆馆长所说："我们的目标定位，一个是优质资源共享，就是把城市学校最优秀的学科输送给接收学校；另一个是基于薄弱学校的现实需求，将优质学校对应学科教师的授课过程传送过去，解决远端学校学科教师的结构性短缺问题，既扩大了优质教育资源的覆盖面，又有助于解决薄弱学校的师资短缺问题。"

双师课堂通过双师协同教学和异地实时互动，促进了两端学校之间的交流，并在交流过程中实现了优质教育资源的共享。其共享的资源不仅包括数字教育资源、优秀教师智力资源等显性资源，还包括学校文化、精神面貌等隐性资源。例如，关于数字教育资源，两端教师在协同备课的过程中，主讲学校会分享教案、课件、微课，推送学科教学资源库给远端学校。这些资源不仅能够通过双师课堂作用于远端学生，也能够帮助远端学校教师学习和成长。关于优秀教师智力资源，两端教师在协同教学的过程中需要不断交流和研讨，远端学校教师能够参与协同备课、协同教学和协同反思，通过不断碰撞、观摩、思考，受到主讲教师先进的教育理念、教学方法、技巧、教学经验等的熏陶，享受到主讲教师的智力资源。关于学校文化、精神面貌等隐性资源，是指远端学校通过与主讲学校的多次协作，在潜移默化中受到主讲学校的文化氛围、创新观念、教研理念的影响，远端学校教师通过与主讲教师的多次协作，不断受到主讲教师敬业精神、教学态度等的影响。例如，通过实施双师课堂，不同的教育文化相互传递、相互交融，实现了以点带面的辐射作用。以上资源的共享，有助于解决城乡教育资源配置不均的问题，促进区域教育的基本均衡。

2. 双师课堂促进了区域教育优质均衡

这方面主要是指双师课堂改善了乡村学校的教学现状，提升了乡村学校的教育质量，缩小了城乡教育的差距。乡村师资短缺、教师教学能力不高引发的开不足、开不齐、开不好课等问题，是导致城乡教育出现差距的关键，所以促进乡村教育质量提升，是双师课堂促进城乡教育一体化发展的最终追求。

双师课堂促进城乡教育优质均衡发展，主要表现为通过优质学校教师的远程同步授课，实现师资的输送，帮助乡村学校开齐音乐、美术等师资短缺课程，使乡村学生能够体验专业的课程教学。例如，在访谈中，某教育局L局长说："我觉得这个双师课堂非常好。可以说，为农村学校输送了很多新鲜的血液，解决了一些农村学校开不齐和开不好课的问题。"

此外，双师课堂还可以帮助乡村学校教师成长，提升语文、数学等学科的教学质量，让乡村学生接受高水平的学科教学。例如，在访谈中，某教育部门工作人员说："从各地的教育差距来说，在比较边远的区域适当采用双师课堂这种模式来授课，对这一区域的教育发展有一定的帮助。"某远端学校校长说："我们发现，双师课堂对初中学生的学习成绩能够起到一种明显的促进作用，特别是我们选择比较好的一所初中来对接，跟踪发现学生的成绩是有明显变化的。"

3.1.2 促进区域"互联网+教育"的发展

随着教育信息化的发展，区域教育相关部门一直关注如何利用信息化促进教育教学模式变革，实现教育的跨越式发展。因此，区域层面对双师课堂的期望，不仅在于促进城乡教育均衡发展，还在于助力区域教育的信息化发展，在"互联网+教育"发展中打造自己的特色。

实践证明，双师课堂在区域"互联网+教育"的发展中具有积极的促进作用，主要表现为：同步课堂环境建设为"互联网+教育"发展的探索奠定了一定的基础，提供了平台，营造了"互联网+教育"的应用氛围，同时也为全面深入开展"互联网+教育"奠定了物质基础和师资基础。例如，某区域教育局局长说："双师课堂这个平台让我们有机会利用大数据等信息化条件，深入开展信息化教学，让我们的老师真正认识到了什么是信息化教育，什么是'互联网+教育'。经过这些年的同步课堂实践，老师们的信息化应用能力得到了提升，大多数学校也知道了信息化教育是什么样子的，我们应该如何应对信息化教育带来的冲击。所以，同步课堂也为我们下一步全面推进'互联网+教育'打下了师资基础。"

3.1.3　构建区域教师队伍建设的新机制

教育要发展，教师是关键。教师作为教育系统中最为重要的资源，是促进教育公平的重要保证，是提高教育质量的关键因素，是一切重大教育变革的核心力量。然而，在城乡二元化的发展格局下，农村优秀教师或通过选调政策被选拔到县城任教，或虽然坚守乡村，却退居二线，远离讲台，从事非教学工作，导致农村教师出现了显性或隐性流失。因此，区域的师资队伍是影响区域教育发展的决定性因素。如何突破教师队伍建设困境，实现教师队伍的高质量发展，进一步促进区域教育均衡发展，是需要考虑的问题。

双师课堂为区域教育发展提供了契机，如何通过同步课堂实现"强引领，促均衡"，强化欠发达地区乡村教师队伍建设，促进城乡教师协同发展，成为双师课堂实践的目标之一。实践证明，双师课堂实践的推进，不仅促进了优质教育资源的共享，也为城乡教师协同发展提供了新的路径，为区域教师队伍建设构建了新机制。在双师课堂实施过程中，两端教师在区域教研员、高校专家等的指导下，搭建了城乡教师协同发展共同体，开展协同备课、协同教学、协同反思等实践，相互研讨、交流，创新了基于双师课堂的教研模式。集观摩、研讨、实践为一体的协同实践，不仅为薄弱学校教师发展提供了机会，也促进了优质学校教师的发展。例如，某电教馆馆长说："双师课堂在助力教研常态化、师资培训，以及促进教师的传帮带等方面效果比较好。"因此，同步课堂为区域层面促进教师队伍高质量发展开拓了一种新的教师专业发展机制。

3.2 两端学校发展层面

本节从两端学校发展层面分析双师课堂的实践成效。总体来看，双师课堂对两端学校的教育发展均有积极影响。

3.2.1 主讲学校实施成效

双师课堂对主讲学校教育发展的成效主要表现为以下几个方面。

1. 促进主讲学校教育信息化发展

主讲学校大多为区域优质学校，相比远端学校，其教育信息化发展具有明显优势，能够通过同步课堂发挥示范和引领作用。但是，发展无止境，多数主讲学校期望教育信息化获得更大的发展和进步，尤其是期望通过信息技术助力教育教学改革。双师课堂的实施优化了主讲学校的软硬件环境，也对主讲学校的信息化实践提出了挑战。在应对挑战的过程中，这些学校实现了教育信息化更高层次的发展和进步。例如，某学校校长 Z 说："在开展双师课堂教学的过程中，我们通过'引进来'的方式邀请高校专家给我们的教师开展教育信息化应用能力提升培训，通过'走出去'的方式到上海等地参加信息技术应用能力培训。结合同步课堂全新挑战中的探索，教师的教育信息化应用能力得到了很大提升。在信息技术促进教育教学模式的变革方面，也有了一些突破和收获。所以无论是信息化环境建设，还是教师信息技术应用能力提升，双师课堂都对学校教育信息化发展起到了一定的促进作用。"

2. 促进主讲教师专业发展

双师课堂是自上而下有组织实施的一项系统工程，保障双师课堂教学效果的前提是教师水平的提升。因此，区域、学校等层面均重视教师同步课堂教学能力的提升。在实践过程中，区域层面集中高校、教研、一线骨干教师等多方优势力量，开展培训、观摩、实践等教师能力提升活动，使一线教师有机会获得高水平专家的引领，更新教育理念，提升通过信息化创新教学的能力。例如，在调研中，某教研主任 H 说："双师课堂对教师提出了更高的要求，在提出更高要求的同时，教师在实践过程中也有成长，业务水平和能力素养都有提升。"有主讲学校的校长反映："不能简单地以为实施双师课堂教学是我们在帮扶对方学校，在输送的过程中，我们教师的教学能力和水平也有了很大的进步，尤其是课堂把控能力、分层教学能力、信息技术应用能力，以及通过信息技术创新教学模式的能力等。"某主讲教师说："参加了双师课堂，就相当于每周都有一节公开课，同事和教研专家都来帮助我，有专门的加盟团队帮助我备课、进行教学设计，能得到专家团队的指导。所以，参加双师课堂实践，对我的成长有很大的促进作用"。

3. 帮助主讲学校了解乡村教育现状

当前，随着进城务工人员的增多，乡村孩子在城市学校上学已经成为一个普遍现象，这对城市学校提出了新的挑战，尤其是一些城市学校的教师不了解乡村学生的受教育背景、学习现状等。双师课堂实践的开展，为主讲教师提供了近距离接触乡村教育的机会，为深入了解乡村教育现状提供了渠道，从而为更好地应对城镇化背景下乡村孩子大量涌入城市学校学习这一挑战奠定了基础。例如，某主讲学校校长说："实施双师课堂，在帮扶对方的过程中，也能够服务于自己。我们能够更深入地了解农村教育的现状，以及农村孩子的家庭背景、受教育程度、思想品质等方面，还能够提前发现一些好苗子。"

3.2.2 远端学校实施成效

双师课堂对远端学校教育发展的成效主要表现为以下几个方面。

1. 远端学校环境有所改善

双师课堂的开展对远端学校基础设施环境和人文环境的改善起到了重要的推动作用。在学校基础设施环境方面，因为双师课堂的推进，需要远端学校建设双师课堂教学环境，引入教学设备，这在一定程度上推动了远端学校的信息化环境建设。例如，某远端学校校长表示："正是因为同步课堂的引入，学校的校园环境才有所改善，多媒体教室也建起来了。"双师课堂的开展，促进了优秀教师的智力资源共享，也使两校师生的精神品质在无形中相互渗透和影响。

随着双师课堂的进行，远端学校的教师感受到了主讲教师的敬业精神，远端学校的学生受到了主讲端学生学习和生活习惯的影响。受主讲学校文化氛围的影响，远端学校也逐渐营造了学校的人文环境。因此，双师课堂不仅帮助远端学校完善了信息化教学环境，也逐步营造了积极向上的人文环境。例如，某远端学校校长表示："整个城区教师的敬业精神，城区学生的知识面、精神面貌，都对我们产生了一些影响。一起上课，多多少少会学到一些好的行为习惯的。"

2. 远端学校的开课问题得到缓解，教育质量提升

远端学校师资不足，存在开不齐、开不好课的问题。双师课堂的开展，为解决远端学校的开课问题提供了可能性。各地在确定双师课堂课程时，多基于"需求导向"原则，即课程选择主要面向薄弱学校的"缺师少教"学科，以帮助农村学校解决开不齐、开不足、开不好课的问题。

因此，双师课堂的实践成效首先表现为帮助远端学校缓解开课难题，尤其是美术、音乐和英语等远端学校师资短缺、开不齐课的科目，双师课堂通过共享优质的教师资源，使远端学生能够有机会通过网络和主讲班级的学生异地同堂上课，满足了远端学校的开课需求。例如，某主讲学校校长表示："音乐、美术、科学、道德与法治、综合实践这些科目，我们下面的学校没有配齐专业教师，通过双师课堂，主讲教师的讲课过程能够传递给我们，这是很好的。"

伴随着开课问题的缓解，远端学校的教育教学质量也有所提升，尤其是远端学校语文、数学、英语等课程开得齐但开不好的问题得到缓解。双师课堂通过共享主讲学校的优秀教师资源，为远端学校教师的专业成长提供了专业引领，这在一定程度上促进了远端学校教师的专业成长，间接改善了其教学方式，提升了教学效果。例如，某远端学校校长表示："双师课堂开展初期，设置了语文、数学、英语课程，主要是为了更好地提升教学质量。"因此，双师课堂在一定程度上促进了农村学校教学质量的提升。例如，某乡村学校校长 Z 表示："以前数学的及格率在 70%左右，但是在开展双师课堂之后，期末考试的及格率达到了 85%左右，不仅及格率提升了，优秀率也提升了。"

总体来看，双师课堂不仅在一定程度上解决了农村学校"缺师少教"的问题，而且对农村学校教育教学质量的提升也有一定的帮助。例如，某电教馆馆长说："通过纵向追踪学生的变化，我们发现学生到初中后的成绩还是有明显变化的。"

3. 助力远端学校师资队伍建设

远端学校的师资短缺困境的解决，应从提升远端学校教师能力水平、加强远端学校教师队伍建设入手。双师课堂通过智力资源共享，不仅为远端学生提供了接受优质教育的机会，也为远端学校教师提供了接受专业引领的机会。尤其是双师课堂中的双师协同备课、协同教学和协同评价反思，使乡村教师有机会近距离与主讲教师接触，向主讲教师学习，观摩主讲教师的课堂，与主讲教师研讨交流，这大大缓解了远端学校师资不足、远端学校教师专业发展缺乏引领的困境。在协同过程中，远端学校教师潜移默化地受到影响，从而促进了教育教学理念的更新和教育教学能力的提升。例如，某远端学校校长说："我们的教师通过与优秀教师交流研讨，观摩学习和协同实践，能够取长补短，接受先进的教育理念、新颖的教学方式，这对我们学校的师资培养是非常有帮助的。"某远端学校教师也表示："参与到这个平台上，我们个人的教学水平、教学理念真的是改变了很多。"

3.3　两端教师发展层面

3.3.1　主讲教师发展成效

主讲教师是双师课堂协同教学的重要主体，在双师课堂实践中具有不可替代的作用。但主讲教师参与双师课堂，不能作为"单向付出者"，也期望获得对等的回报，主要表现为自身专业能力的提升。实践表明，双师课堂的实施对主讲教师的专业发展起到了推动作用。多数主讲教师对双师课堂促进自身发展的价值持积极认可的态度，认为双师课堂为自己提供了锻炼自我、提升职业素养的机会，有助于促进自身的专业发展。例如，主讲教师 L 说："对我来说，双师课堂是很好的提升机会。学校领导会反复为我磨课，我们刚入职就会受到学校的重视，成长很快。"主讲教师 Y 表示："因为我也是从年轻教师一点点成长起来的，所以现在我也会很用心地去带年轻教师实践双师课堂，只要他努力上进，我就很喜欢指引他成长。双师课堂实践其实是很好的磨炼机会，学校也会关注这些参与双师课堂实践的年轻教师。"

双师课堂对主讲教师成长的帮助，具体表现为以下方面：①差异化教学能力提升。例如，主讲教师 Y 表示："双师课堂是一种新的尝试。备课、上课都需要考虑远端学生和我们学生的差异性，备课时更要考虑到两端学生的学情，进而在教学方式、方法上都会有一些适当的调整。参与双师课堂，对我个人的差异化学情兼顾和教学能力提升还是很有帮助的。"②教学设计能力提升。例如，主讲教师 L 说："进行双师课堂教学，我要考虑的东西会比平时更多，主要是课程设计方面，要考虑到学情差异，以及面对不同学情的课程安排、教学目标等。总之，我的教学设计能力获得了提升。"③课堂把控能力提升。例如，主讲教师 Y 说："课堂把控还是挺难的，不管教师的素质有多高，针对不同学生的方法还是不一样的。有些教师课堂管理能力很强，很会管理学生，有些教师就是讲完就好了，为了完成教学任务，没有考虑到学生的想法。双师课堂使教师的课堂把控能力得到了提高，尤其是教学机智方面有很大改善。"

3.3.2　远端学校教师发展成效

双师课堂中，远端学校教师不仅是协同教学的重要主体，也是学习者，双师课堂为远端学校教师提供了观摩优师示范、参与优师研讨、协同优师教学等机会。双师之间的交流研讨，能够促进思想碰撞，帮助远端学校教师获得发展，主要表现为教学理念、教学方法方面的变化和课堂把控能力、设备操作能力等方面的提升。①信息素养提升。双师课堂的开展，需要双方教师具备一定的信息素养，这样的教学环境为教师提高自身的信息素养提供了机会，教师信息化教学工具的操作技能都会有所提升，如教学一体机的操作、课件的使用等。数学教师 C 表示："双师课堂实施很长时间了，我也学会使用一点设备啦。"英语教师 W 表示："远端学习挺好的，不仅学生在学习，教师也在学习，设备操作这方面的技能和素养有了明显的提高。"信息素养的提升，有助于促进信息时代教师的职业发展。②教学理念变化。英语教师 W 说："双方教师在思想上有一定的碰撞，在教学方法、课堂应变方面也学习到了很多。"数学教师 C 说："毕竟人家是优秀学校的优秀教师，他们的思想观念、教学模式都比较新颖，对我的影响也是很大的。"③教学能力提升。双师课堂帮助远端学校教师提升了教学能力，具体包括课堂把控能力、设备操作能力等。音乐教师 L 表示："慢慢磨炼了两三年，双师课堂对我的常规教学能力提升还是很有帮助的。在这个过程中，毕竟我也学到了很多，比如，双师课堂使我学到了主讲教师的一些课堂把控能力、一些比较新颖的教学理念等。"

总体而言，双师课堂这种特殊的信息化教学环境，既对远端学校教师提高自身的专业素养提出了挑战，也为其发展提供了机遇，不仅教学思想有所变化，专业能力也有所提高。

3.4 两端学生成长层面

3.4.1 主讲端学生成长

双师课堂对主讲端学生的成长具有积极影响。调研中，主讲端学生普遍认为双师课堂非常有趣，教学效果优于传统课堂，能够加深自己对学习内容的印象，通过观察其他学校同伴的学习状态，也可以相互促进，并希望双师课堂能够继续开展。例如，一名主讲学校的学生说："我觉得双师课堂非常有意思，可以和对面的小朋友一起学习，注意力可以更集中，记得更牢固。"另一名学生说："希望每次开展双师课堂的时间可以更久一些。"

双师课堂对主讲端学生成长的积极作用主要表现为以下方面：①促进相关能力的提升，主要表现为熟悉设备应用，提升对新型教学模式的适应力等。例如，主讲学校的学生通过参与双师课堂这种新型教学模式，逐步适应并提升了相关能力。多数学生表示，"通过小组协作，团队协作的氛围更浓了，小组合作更规范了，能够自觉进行导学案学习了"。②增强学习动力，主要是指双师课堂使主讲端学生有机会见识到农村的教学环境，感受农村学习条件的艰苦，从而间接激发了其学习动力。某省研训院 L 院长说："实施双师课堂的目的不仅仅是促进优质教育资源均衡，最主要的是让农村孩子开阔眼界，让城市孩子知道还有比自己的条件更艰苦的孩子，人家也在努力，自己更得努力。从培养艰苦奋斗精神的角度来讲，这对城市孩子来说也是一种教育。"再如，某教育局 L 局长说："通过双师课堂，农村孩子开阔了视野，学习到了城区学校很多先进的东西，同时城市的孩子也了解了农村的教学环境、生活条件，这是一种双赢。"

3.4.2　远端学生成长

双师课堂对远端学生成长的帮助，主要表现为以下方面：①开阔眼界，丰富课外知识。双师课堂通过网络为远端学生打开了一扇通往外界的窗。远端学生能够与主讲班级同堂上课，感受主讲教师的授课过程，体验先进的教育理念，观摩主讲端学生的上课表现，感受新颖的教学方式、学习方法，学习到了相关的专业知识，在一定程度上开阔了远端学生的眼界，拓展了其知识面。例如，在访谈中，某远端学生表示："老师上课不仅讲授课堂知识，还会拓展一些课外知识。上美术课的时候，教师会给我们讲吉祥物的历史，讲奥运会，我们觉得很有意思。"另一远端学生说："我最喜欢美术课了，因为我跟着李老师（主讲老师）可以学到很多美术知识。他比较专业，课讲得也好。"②综合能力提高。远端学生作为双师课堂的主要受益者，通过双师课堂的教学，其学习兴趣得以激发，生活和学习中的行为习惯发生了变化，课外知识有所增加，双师课堂促进了其综合能力的提升。③学习成绩有所提升。成绩提升是双师课堂开设的初衷。某远端学校

W 校长表示："双师课堂开展之前，班级学生英语成绩的及格率只有百分之十几，双师课堂开展之后，六年级升学考试中学生的英语成绩及格率提高到了30%。"另一远端学校校长 Z 表示："数学期末考试成绩比以前进步了，期末考试及格率达到了 85%，以前是 70%左右。优秀率是 50%，平均分达到了 80 分。"④学习兴趣增强。双师课堂中主讲教师的教育理念相对先进，教育模式和方法也比较新颖，这在一定程度上为远端学校的教师提供了不同的学习体验，也激发了学生的学习兴趣。例如，在访谈中，某远端学生表示："喜欢双师课堂，主要原因之一是双师课堂这一教学模式比较有趣，尤其是美术课不仅会讲授专业知识，还有课外知识的拓展。学生的学习兴趣非常高，这也会直接影响学生的学习成绩。"某远端学校 L 教师表示："学生很喜欢上这个课，因为上这个课没有负担，唱唱跳跳，做一下律动，配合一下老师。"⑤行为习惯养成。双师课堂除了改变学生的成绩之外，学生另一个直观的变化就是日常生活行为习惯的变化，这主要得益于主讲端学生行为表现的影响。例如，某电教馆馆长说："双师课堂对小学生学习习惯的养成起到了比较大的作用。因为对接学校是市里比较好的学校，农村学生会觉得他们上课的坐姿、发言和我们不一样，久而久之，就会受到一定程度的影响。"某省研训部门教师 L 说："以前，一些农村学生上课穿拖鞋，但是实施双师课堂之后，发现人家主讲端的学生都不穿拖鞋上课，所以从那以后，这些学生上课也不穿拖鞋了。"由此可以看出，双师课堂的开展，促使远端学生的行为习惯发生了变化。

总体而言，双师课堂对两端学校学生的成长都具有重要意义。

第 4 章

双师课堂的实践困境

双师课堂作为"互联网+教育"背景下，利用信息化手段实现优质资源共享、促进教育均衡、加快实现教育公平的重要举措，引起了教育研究者与实践者的普遍关注，全国多地纷纷投入双师课堂教学实践，在城乡教育均衡、乡村教育质量提升、两端学校师生成长等方面取得了显著的成效。然而，在双师课堂推进过程中，也出现了诸多困境，主要表现为组织、教学及技术等层面。组织层面的困境主要包括组织结构不完善、运行机制不健全、主体参与动力不足、相关人员能力不足等。教学层面的困境主要包括教学设计、教学组织实施、教学评价等方面。技术环境面临的问题主要表现在网络、双师课堂教学系统功能、双师课堂设备配备等方面。以上问题不仅制约了教学的顺利推进，影响了双师课堂的教学效果，还会使远端学校教师遭遇身份认同危机，降低职业认同感，增加主讲学校的负担，不利于双师课堂的高效、可持续推进。

4.1　组织层面面临的困境

我们通过对多个省份近 15 名管理者/教研员、13 名主讲教师、20 名远端学校教师进行访谈，对 37 节双师课堂教学课例进行分析发现，双师课堂实践推进的困境主要表现为组织结构不完善、运行机制不健全、主体参与动力不足、相关人员能力不足等方面。

4.1.1　组织结构不完善

双师课堂具有协同的性质，需要多方参与，这就需要有健全的组织结构作为支撑。但在实践中，多地出现了组织结构不健全、双师课堂推进不顺利的问题，具体表现为以下几个方面。

1. 政府及教育主管部门的主导作用未得到充分发挥

双师课堂的实践推进需要组织管理者的领导。协同理论认为，系统的多元主体利益不同、力量不均，相互存在合作、竞争、冲突、博弈等复杂关系，需要核心主体进行主导、组织与协调，以保障有序的竞争协同，促进多方力量的有机整合。在双师课堂中，政府及教育主管部门因具备组织协调、决策影响、资源配置、资金支持等多方面的优势而处于核心主体地位，发挥着主导作用。但在当前的双师课堂实践中，一些区域存在政府及教育主管部门缺位、主导作用发挥不足的问题，主要表现为以下几个方面。

1) 政府及教育主管部门未充分参与。调研中，部分区域的双师课堂直接由区域电教中心负责组织运行，而教育局及当地政府未对双师课堂予以关注，电教中心因职权受限，双师课堂实施难推动，相关人员的动力不足。正如某电教馆馆长所说："这件事情，基教处没有参与，我们和教研部门一起做，下面就不太积极配合，这就比较麻烦。"

2）政策、制度、经费支持不足，影响了双师课堂的顺利推进。双师课堂需要畅通的网络、先进的设备，这就需要足够的经费支持。为了调动相关人员的参与，还需要有健全的激励机制等。但有些区域政府及教育主管部门虽参与其中，却未能给予政策、制度及经费等方面的支持，导致双师课堂实践不能正常开展，制约了双师课堂的顺利推进。正如某区域教研员所言："由于政府的支持力度不足，教育部门的话语权有限，在调动各部门协同方面有心无力。有些制度即便制定了，也因难以落实而沦为摆设。教育主管部门的激励机制缺乏，难以调动多主体的参与，同步课堂推进面临困难。"此外，政府经费支持不足也会影响双师课堂的教学环境、技术运维，进而影响双师课堂的教学效果。例如，某远端学校教师说："网络不流畅，断断续续，这课也上不成个样子。"

3）缺乏合理规划和组织引导，双师课堂实践难深入。双师课堂是一种具有创新性的教育服务形式，各区域的相关实践均处于探索阶段，缺乏可资借鉴的成熟经验。这就需要双师课堂组织中的管理团队协同专家团队，在对双师课堂进行深入研究的基础上，做出合理的规划决策、组织引导，并提供相应的教学指导。但是，在实践过程中，管理团队由于领导力不足，缺乏顶层设计和统筹规划，未能进行合理的领导组织，影响了双师课堂的高效推进，尤其表现为对双师课堂对接学校、班级、教师的遴选考虑不周，对接班级要么差距过大难以同步，要么水平相当失去了同步帮扶的意义。例如，在访谈中，教师 L 说："直接由城市优质学校带农村薄弱学校，两地的环境、学情等差距过大，实施起来非常困难。另外，两端学校也不能没有差距，否则萝卜炒萝卜，结果还是萝卜。"此外，还有一些地区因缺乏正确引导，人们对双师课堂未形成正确的认识，只是将其作为一种形式，导致双师课堂实践呈现出应付上级检查、做样子的现状。还有地区缺乏有效的组织协调和利益平衡，导致双师课堂行为主体不明确，各主体沟通不足、动力不强、无序并存，系统结构混乱，联动效应难以发挥。

2. 高校及教研部门的参与不够，双师课堂实施缺乏必要的智力支持

两端学校教师是双师课堂协同教学的关键主体。有效协同对双师的能力和素质提出了更高的要求，不仅要有先进的教育理念，还要有掌握双师课堂教学的特有教育教学能力。在实践初期，这对两端学校的教师而言都是巨大的挑战，这就需要高校专家和教研员的参与。协同理论认为，系统需要相关利益主体围绕共同目标，积极参与，优势互补。对双师课堂而言，高校教育技术专家具有理论引领和实践指导优势，区域教研部门具有学科教学优势，应在双师课堂规划制定及教学实践中发挥理论引领与实践指导等方面的智力支持作用。但调研发现，在区域双师课堂的推进与实践中，高校及教研部门的参与明显不足，具体表现为以下几个方面。

1）理念引领不足，导致相关区域管理者、教师对双师课堂的认识不够深入，未形成正确的价值认同，缺少科学合理的规划。例如，主讲教师 L 说："最开始，也没有什么经验可以参考，我们都是摸着石头过河，是从屡败屡战的经历中过来的。"某远端学校教师 Z 说："起初，我们都不知道要做什么，主要还是依赖主讲教师讲课，我们就像学生一样听课。"这种负面体验不仅难以保证教学效果，也导致双师课堂的价值无法完全得到两端学校教师的认同，影响了双师课堂的持续开展。

2）理论指导不足，导致两端学校教师的协同意识淡薄、协同职责不明确。双师课堂实践初期，由于缺乏专业引导，两端学校教师尚未意识到双师之间需要全程协同，也不了解具体的协同职责和协同方法，教学中呈现出"主讲教师独角戏，远端学校教师旁观者"的现象。这不仅增加了主讲教师的工作负担，还会削弱远端学校教师的课堂主体地位，使其产生失落感，不利于两端学校教师的持续协同。

3）实践指导不足，导致同步课堂实践盲目低效、效果不明显。一些专家的指导以理论为主，缺乏实践案例，教师缺乏可直接参考的经验，对自身教学的示范性不足。调研中，90%以上的一线教师希望得到专家的现场示范或教学案例，认为缺乏专家的指导，易走弯路而且教学效率不高。

3. 企业及电教部门的支持不足，双师课堂缺乏技术支撑

双师课堂作为教育信息化的一种具体表现形式，其运行离不开企业的参与。企业作为利益相关主体之一，是协同力量的重要组成部分，在技术研发、平台建设、技术支持方面具有显著优势，应为同步课堂实践提供教学平台和技术保障。电教部门作为区域的主要技术支持力量，应与企业一同为双师课堂的系统搭建、人员培训、运维保障等提供支持。但调研发现，企业及电教部门的支持不足，具

体表现在：①双师课堂教学环境故障频现，不能有效地支持多元互动；②两端学校教师对信息化设备的操作不熟练，影响了教学的顺利开展；③技术故障难以及时解决，不能保障同步课堂教学常态化开展。由此可见，企业及电教部门在技术研发、平台维护、人员培训等方面的支持与保障尚不到位。

4. 优秀师资缺乏，难以组建教学团队

双师课堂的实施需要两端学校教师组建教学团队，而且对教师的教学能力要求较高，如主讲教师不仅需要具备较高的专业能力，还需要具备较强的信息技术应用能力等。但由于主讲学校优秀师资相对不足，遴选主讲教师就较为困难。调研中，很多主讲学校的相关人员表示，师资力量缺乏，尤其是缺少具备信息化技能和学科教学能力的优秀教师，导致高水平教学团队建设存在困难。主讲学校校长 Z 说："依然缺乏优秀的师资力量，尤其是掌握信息技术和具有较强学科教学能力的优秀教师，所以应该增加优质师范生比例。免费师范生群体缺乏定向引导，政府培养了免费师范生，却吸引不过来。教育应该让专业的人来做专业的事。"校长 Z 表示："学校经常向外界公司采购制作精美的教学课件，学校也要求教师提高信息化水平，在这方面，年轻教师做得比较好。"基于以上原因，多数主讲学校选派青年教师轮流参与双师课堂教学，并将双师课堂作为促进青年教师快速成长的一个平台。这就难以保障教学团队的整体水平，也难以保证其稳定性，一些教师存在"走过场、打酱油"心理，影响了教学效果。

综上可见，由于政府及教育主管部门的主导作用不足，高校及区域教研部门的参与不够，企业及电教部门的支持不到位，以及教学团队难组建等问题，组织结构不健全、协同力量薄弱、协同合力不足，双师课堂系统的联动优势难以发挥，协同效应难以达成，影响了双师课堂的正常推进和实施效果。

4.1.2 运行机制不健全

双师课堂是一个由多元主体构成的复杂系统，系统协同效应的发生需要政府、教育主管部门、社会企业、高校、城乡学校及教师、电教和教研部门等多主体的协同参与和相互作用。协同是利益相关者的协同，不同主体因相同或相近的

利益而组成行动共同体，各主体间的协同是系统有序结构形成的内驱力，但各主体的利益追求是其参与协同的原动力。若系统中处于主导地位的核心主体不能通过政策、制度或机制进行利益的协调和分配，容易导致主体间的利益分歧，如利益不能共享或失衡，影响主体的协同意愿和动力，这也体现出了系统运行机制的重要性。运行机制不健全，不仅会阻碍组织的运行，也不利于系统功能的实现。在双师课堂实施过程中，经常会出现运行机制不健全的问题，制约了双师课堂实践的推进，具体表现为以下几个方面。

1. 缺乏激励机制，教师参与的动力不足

双师课堂的协同主体是教师，教师是否愿意协同，决定了双师课堂实践能否顺利推进。双师课堂作为一种创新教学模式，对两端学校教师的能力提出了挑战。教学中面临的困难不仅会增加教师的心理压力，还会给教师带来繁重的工作压力，耗费更多的时间、精力。这就需要建立激励机制，激发教师的参与动力。区域及学校纷纷想方设法制定激励措施，但受到经费短缺、跨部门协同难等因素的制约，当前的激励机制尚不健全，激励力度仍然不够。某区教育局局长说："教师很辛苦，也是我们的服务没有做好，没有给教师任何补贴，主要是由于资金特别紧张，各方面都压缩下来，扶持的力度就非常小。"有的区域尝试通过以双师课堂课时抵支教课时的方式来激励教师，但实际操作起来也缺乏实效性，在激发教师的教学动力方面收效甚微。例如，针对某些地区制定的"参与双师课堂课时抵支教课时政策"，音乐教师 Y 说："没有什么实际的意义。打个比方，像我教音乐课，这三年一共才上了不到十节课，就算我上了二十节，也不够评职称，对不对？"有的学校通过计入工作量的方式补贴教师，但为了避免补贴太多导致两极分化、引发教师矛盾，学校只能象征性地发放少量课时补助，作为对教师的激励。主讲学校校长 Z 表示："除了省里制定的双师课堂课时抵两个支教课时的激励机制外，学校也制定了一定的激励机制，即一节双师课可以抵两节常规课。在计算绩效工资时，教师每节课可以多拿 8—9 元钱，若补贴太多，怕出现两极分化现象，上常规课的教师心里会产生不平衡。"鉴于以上问题，一些区域主要通过优先安排教师参与培训学习、给予教师评优评先的机会等方式来进行激励。某区域教研员 L 说："经费支持不足，没有额外的钱给教师补贴。我们当时的鼓

励措施就是优先安排培训、学习、评优评先，后来有些学校也把外出培训、学习等纳入进来，这样还能好一点。"通过以上分析可以发现，激励机制的建立受到多种因素的制约，无法满足主讲教师的需求，机制的吸引力不足，起不到应有的作用，也难以取得相应的效果。对于作为智力资源输出端的主讲教师来说，参与双师课堂难以获得对等的收益，还会增加工作压力，参与动力仍然不足。如主讲教师 W 说："每节双师课都上成了公开课，心理压力较大。政策要接地气，应该更多站在教师的角度想问题，思考如何提高教师的积极性。"某教研主任说："主讲教师作为双师课堂的直接参与者、智力资源的提供者，教学任务重、压力大，却缺乏相应的利益补偿或激励制度，其参与热情难以维持。"

远端学校教师是双师课堂的重要协同主体，在参与双师课堂教学的过程中，也要承担相应的职责和任务，但往往被定位为"受益者""被帮扶者"，不会被作为激励机制的关注对象，这也容易使远端学校教师感到不平衡，不利于激发其参与动力。

此外，信息技术教师是双师课堂实践的主要参与人员，需要付出较多的额外劳动，但其在激励政策中却常被边缘化，导致他们的参与热情受到影响。如有教师说："信息技术教师作为双师课堂中的重要角色，其合理的利益得不到保障。"主讲教师 W 说："信息技术教师参与了作品设计竞赛，但是奖项却不属于自己，需要在政策层面对信息技术教师的权益进行维护。"

总之，双师课堂的相关激励机制尚不完善，各级激励措施效果不理想，教师参与的积极性不高，组织中的管理者需要在统筹考虑多方诉求的基础上，建立并完善激励制度，激发协同组织中多方主体的动力，以促进双师课堂的持续开展。

2. 缺乏协同机制，多部门之间的联动不足

双师课堂的实施是需要多方协同的一项系统工程，组织管理层面需要各教育部门之间的协同，课堂教学层面需要主讲学校和远端学校及教师之间的协同。有效协同需要完善的协同机制作为保障，但当前的协同机制还不健全，影响了协同的效果。我们在调研中了解到，双师课堂的实施主要由省教研部门和电教部门负责，基础教育处、师资处等部门的参与较少，但各市县是跟着基础教育处走，而不是围绕教研与电教部门的要求开展相关工作。教研与电教部门作为业务机构，

对下级市县缺乏约束力，削弱了市县教育部门的参与积极性。此外，教师激励政策的制定，也离不开与教师管理处等部门的协商。由于各部门的出发点不同，要突破体制机制的限制、实现跨部门协同制定激励政策，难度很大。从对接学校来看，主讲学校作为优质资源的输出方，若不能从远端学校获得对等回报，也会因利益失衡而导致协同基础被削弱，协同动力受到影响。

3. 缺乏监督考核机制

监督考核是质量保障的关键，但开展双师课堂实践的多数区域缺乏完善的监督考核机制，导致对相关责任主体缺乏监管和评价，制约了两端学校的合作力度和深度。当前，双师课堂两端学校的合作形式化，效果难以得到保障。例如，某区域教研员说道："目前的主要问题是缺乏对实践效果的评估，缺乏对各责任主体的监督和考核，导致大家干好干坏一个样，很多学校的双师课堂流于形式，难有实质性的效果。"再如，某区域的总结材料中有以下内容："当前，双师课堂的专项督查尚未开展，项目推进一直缺乏监督机制和约束措施。一方面，无法评价实验的效果、总结经验、发现问题；另一方面，对安装设备但不使用设备的学校，也无法通过督查责令其改进。"

4. 教师培训体系不完善

培训是转变教师的教育理念、提高教师的专业素质、加强师资队伍建设的必要手段。但双师课堂的教师培训方面存在一些问题，导致教师能力的提升速度慢，主要表现为：①培训方式以理论讲解为主，实践操作类培训偏少；②培训内容比较笼统，没有专门针对某个学科进行的同步课堂教学讲解；③缺乏持续性的培训指导，培训效果难持续。总体上而言，培训体系不完善，还有待改进。

1）在培训内容方面，培训内容与教师自身需求的匹配度不高。双师课堂需要双师协同，然而无论是主讲教师还是远端学校教师，均缺乏协同教学经验，需要理论与实践的双重指导。我们通过调研了解到，教师对培训内容的需求大多是实践性培训，想通过这方面的培训积累教学经验，在观摩课堂的过程中学习教学方法。然而，尽管上级教育主管部门会协同高校定期组织双师课堂的相关培训，帮助教师初步了解双师课堂的教育理念、教学模式等，但当前的培训内容缺乏系统性和针对性，理论性强、实践性弱，理论知识难以有效转化，无法满足教师的实际需求，难以为双师课堂的教学提供操作性指导。例如，由于双师课堂教学理论和实践案例缺乏，教师还不能很好地适应这一课堂教学，对同步环境下的课堂教学活动设计缺乏指导和案例借鉴。我们在采访过程中了解到，部分参与双师课堂的教师认为自己的实践较为盲目，缺乏理论指导，不确信自己的教学活动是否有效。正如 W 主任所述："我们没有可以借鉴的案例，自己也不知道到底做得对还是不对，没有一个标准的模式能给我们提供指导。"参与双师课堂的教师普遍表达了对高质量培训的诉求，期望培训能够结合优质案例，面向多个学科，做到理论联系实际，真正为一线教师的教学提供帮助。某主讲学校校长 Z 表示："目前，我们接受的双师课堂培训，理论指导居多，实践操作较少，优秀案例缺乏，希望在后续的培训中能多一些相关的示范课。"音乐教师 Y 表示："我们现在都是自己摸索，要想取得效果，还是要有系统的培训。不要每次培训都面向语文等主科，也要关注美术、音乐等综合学科，专家可以在这方面对我们进行专业的培训。培训最好讲的都是干货，就实实在在的，不讲什么大道理。比如，大单元教学，大单元是什么，到底怎么做，具体怎么结合教材进行设计，各个学科要怎么融合，我觉得这就需要更高层次的专家来给我们进行指导。"W 主任表示："目前，培训还是不够接地气，讲理论的比较多。具体而言，我们希望知道哪些课程可以采用双师课堂的形式，有什么案例可以借鉴。"

此外，关于双师课堂教学能力提升的相关培训也不能兼顾两端教师。目前的双师课堂教师培训，无论是培训内容还是培训案例，大都面向主讲教师，涉及远端学校教师的培训内容较少，远端学校教师难以从培训中明确自身的角色定位和主要职责，双师课堂教师培训无法帮助远端学校教师树立协同意识、掌握协同方法。这也是双师课堂教学中远端学校教师作为旁观者不能深度参与、不敢提出要求和见解的主要原因之一。

2）在培训形式方面，大多数教师期望采用线上与线下相结合的培训方式。在线上培训中，可以利用教学空余时间随时随地进行学习；在线下培训中，可以与优秀教师面对面交流，深入学习教学经验。但由于缺乏实时沟通和持续追踪，教师实践问题难以得到及时解决，访谈中许多主讲教师表示没有接受过充足的双师课堂教学指导和培训。例如，在教学实践中，由于双师课堂中主讲学校和远端学校存在空间上的分离，无法像和现场的学生互动那样直观和便捷，教学面临困难，但难以得到及时指导，教师只能自主摸索。美术教师 L 说："无法很方便地指导学生、及时给予学生反馈，如画得怎么样、如何改进等。"数学教师 Y 说："我们数学一个月上 1 次同步课，一学期大概 4 次课，一年也只有 8 次，还是比较陌生，不熟练。"要想克服双师课堂环境带来的不适应感，因地制宜地发挥现有设备环境的最大效益，教师依然需要得到教育专家针对性的示范与指导。

5. 技术保障不到位

在双师课堂实施过程中，教学环境的技术故障屡见不鲜，难以得到及时处理，成为制约双师课堂正常实施的主要因素。调研中，某主讲学校负责人表示："双师课堂不能正常推进，主要原因在于设备三天两头出故障，一出现故障，就停止授课，不能常态化推进，很难保障实践效果。"某远端学校负责人表示："双师课堂设备出现故障，不能及时解决，需要层层上报、审批，才会有技术人员前来解决，但是中间会需要很长时间。"双师课堂技术保障不到位的主要原因在于技术运维机制不完善，技术支持队伍不健全。尽管当前设备多由企业、电教部门和第三方负责运维，但具体到学校层面，教学中的技术故障主要由学校信息技术教师来负责，这会受到信息技术教师的人员数量和支持能力不足的影响。对于远端学校而言，由于没有专业的信息技术教师，缺乏专门的技术支持队伍，学校的领导和年轻教师承担技术骨干工作，但他们的技术支持能力欠缺，遇到解决不了的技术问题时，仍然主要通过联系第三方公司来寻求帮助，技术故障通常难以得到及时解决。对于主讲学校而言，虽然有信息技术教师为其提供技术支持服务，但师资力量不充足，使得双师课堂的开展加重了学校的教学负担，加大了信息技术教师的工作量。

4.1.3　主体参与动力不足

双师课堂的运行需要教育主管部门、两端学校及教师等多方积极参与，每一方都在双师课堂实践中发挥着不可替代的作用。因此，双师课堂实践的顺利推进，在很大程度上取决于各主体的参与动力。但是，相关机制的缺乏，导致各个主体的参与动力均有所不足，具体表现为区域管理者、学校管理者及两端学校教师的参与动力不足。

1. 区域管理者的动力不足

区域管理者是双师课堂实施层面的主要组织者与执行者，特指双师课堂实践区域教育主管部门的管理者。区域教育局等教育主管部门需要统筹协调基教、教研、电教等多个部门协同开展双师课堂教学。部门之间是否能够有效协同，取决于管理者。因此，区域管理者的动力对双师课堂的实施具有决定性影响，主要表现为管理者对双师课堂的重视程度会影响学校参与双师课堂的积极性。正如某教师所说："下面都看上面的风向标，上面重视，下面的动力就强，否则就不强。"区域管理者的动力也会受到其对双师课堂价值认同的影响，若区域管理者本身对双师课堂的意义和价值缺乏深刻认识，则缺乏主动参与实践的动力和积极参与活动的热情。调研发现，一些区域管理者对双师课堂的价值产生了怀疑，重视程度不够，甚至中途叫停。某电教馆人员说："一些市县管理者嘴上讲得非常好，但等环境建好了，我们期待赶快把课开起来时，他们却并不积极，也没开什么课，问起来就说找不到老师，双师课堂难以取得预期的效果。"可见，区域教育管理者动力不足是双师课堂组织实施中面临的主要问题，这就需要加强双师课堂培训，使管理者对双师课堂的内涵、本质、价值等有正确的认识，增强管理者对双师课堂的认同感。

2. 学校管理者的动力不足

学校是双师课堂的直接实践单位，学校层面是否能够按照区域部署，有条不紊地开展双师课堂，取决于学校管理者的热情和动力。以主讲学校为例，主讲学校是双师课堂智力资源的输出端，若单向帮扶，难以从中获得对等收益，进而会影响其积极性。如某学校管理者所言："在执行过程中，还是感觉到下面人员的积极性不够、热情不高，因为双师课堂的主讲教师不会获得什么好处，全部是为你做事情，还会影响本班的学生，他们为什么要带着你？所以我们开始考虑出台相关政策，首先解决城里教师的积极性减弱的问题。"教研员 L 说："学校是否重视，关键看校长的智慧。有的学校就不重视，特别不积极，就说自己什么都没有，后来双师课堂实践基本上就停止了。"某远端学校教师说："这肯定是互惠互利的事情，主讲方那边要付出很大的努力，他们本身就很辛苦，那他们为什么要去做呢？所以对于这件事情，还是要协调好，协调不好，教师就不满意，也就很难长期维持下去。"由此可见，两端学校的互利共赢是主讲学校管理者是否有动力的前提，而主讲学校管理者对双师课堂的热情和动力是双师课堂得以持续进行的关键。

另外，远端学校在双师课堂运行中也是重要的参与主体，远端学校的配合和参与程度决定了双师课堂的实施效果。因此，远端学校管理者有参与动力也非常重要。调研中发现，如果远端学校校长重视双师课堂，则会亲力亲为，鼓励教师积极参与，正如某远端学校教师所说："我们校长特别重视，每次听课都在，课后还要求我们研讨，遇到技术问题，他也会第一时间想办法解决，所以我们都很积极。"但也有管理者不重视，远端学校教师也是消极应对，难以进行有序、高效的双师课堂组织，导致组织随意化。我们在访谈中了解到，有的学校将双师课堂教学工作当作任务来完成，缺乏严格的安排和计划，完全按照上级的安排进行，学校缺乏自主性，上面不组织，学校就不行动，过于关注形式和过程，没有真正用起来，也很难取得实质性的效果。学校重视程度不足，会对教师产生消极影响，导致教师的动力不足。

3. 两端学校教师的参与动力不足

在双师课堂实践中，主讲教师和远端学校教师除了需要完成自己常规的教学任务之外，还需要付出额外的时间和精力来应对双师课堂带来的挑战，若缺乏相应的激励措施，两端学校教师的参与动力难以保障。

以主讲教师为例，他们在双师课堂教学中承担重任，面对双师课堂异地同堂、兼顾两端、双师协同等全新挑战，压力大、任务重，多数人存在畏难情绪。尤其是在双师课堂实践初期，尚缺乏成熟的经验，主讲教师难以得到专业的教学指导，在自主摸索的过程中面临着重重困难，不仅教学效果难以得到保障，还会屡屡受挫，消极的教学体验导致其实践动力和热情渐渐消退。例如，H 教研员说："最主要的是城里教师的积极性慢慢减弱了，因为最开始我们双师课堂运行得一塌糊涂，主讲教师一点积极性都没有了。"再如，主讲教师 M 说："主要得看教师愿不愿意接这个任务。为什么呢？你想想，时间太长了，压力那么大，工作量那么大，其实不是每一名教师都愿意接受这一工作的。学校肯定也要考虑这个问题。如果教师都不愿意接受这一任务，学校要是强迫人家接受，教学效果也不会很好。"此外，主讲教师的参与动力也会受到学校管理者的影响。管理者对双师课堂的重视不够、支持不足，也会影响主讲教师参与双师课堂的热情和动力。例如，访谈中，主讲教师 M 说："对任何教师来说，如果一开始领导是重视的，真正把它当成一件事情去认真对待，可能我们教师的感觉也就不一样了。如果只是上面安排的任务让我们去做，我们与对方的教师都没见过面，事先也没有相关的培训，在教学过程中也得不到有效指导，这样的话，那我们就都不愿意做。"我们在调研中了解到，主讲教师大多受外部力量的推动而被动参与双师课堂教学，内在动力不足。

以远端学校教师为例，他们作为双师课堂的重要协同主体，承担着协同配合主讲教师组织管理本地课堂等重要职责。然而，在实践初期，远端学校教师对双师课堂的内涵和本质缺乏了解，对其价值缺乏认同，对双师课堂存在怀疑和抵触心理，缺乏参与实践的主动性和积极性，影响了双师课堂的教学效果。某远端学校教师 Z 说："我们学校一共才三名老师，你说我们有选择吗？我们基本上都是处于被动的状态。"某主讲学校教师 L 说："开始的时候，远端学校教师还是不太理解，积极性就不高。"随着双师课堂实践的推进，远端学校教师的参与动力并未有明显变化，反而由于双师课堂教学问题频现、教学效果不理想，进一步影响了远端学校教师对双师课堂价值的认同。例如，一些远端学校教师认为，双师课堂实践浪费时间、精力，没有实质性的收获。同时，由于远端学校教师在双师课堂实践中被作为边缘参与者而存在，其协同主体地位未能凸显，课堂主导地位受到挑战，且由于双师课堂教学效果不理想，远端学校教师难以真正体会到双师课堂的帮扶优势，认同感仍然不足，逐渐产生失落感，失去了参与的热情。在这种情况下，还会打乱教学计划，被动配合主讲学校开展双师课堂教学，进一步加剧了远端学校教师的逆反情绪。多数教师认为不愿意参加的原因是："调整课时会打乱自己的教学计划，教学效果却不佳。加之受到网络等环境的制约，既浪费时间，又影响体验。"

总之，在双师课堂实践过程中，两端学校教师的参与动力不足是制约双师课堂顺利开展的主要原因，这样就难以保证足够的精力和时间投入，难以保障教学效果，不利于双师课堂实践的持续推进。

4.1.4　相关人员能力不足

1. 教师的能力不高

两端学校教师是双师课堂的主要实践主体，在参与双师课堂的过程中，面临着巨大的挑战，双师课堂对两端学校教师的能力提出了新的要求。

以主讲教师为例，其不仅需要与远端学校教师协同备课，还要同等兼顾两端学校学生，具备较强的信息技术应用能力，以应对教学中的突发状况等。这就需要其掌握双师课堂教学的理念、理论、方法和技巧。但由于主讲教师缺乏实践经验，也难以得到专业的指导，各方面的能力均不足，教学实践中的困难重重。例如，在调研中，主讲教师 L 说："刚开始就不懂怎么上，因为是网络教学，遇到了很多困难。"主讲教师 Y 说："两地学生的基础和接受能力不太一致，要兼顾两校学生的接受水平有一些困难。授课内容压缩过大，上课不知道怎样更好地照顾两端学生。比如，在情感交流方面就无法兼顾两端学校学生，同步预习和复习也无法兼顾所有学生。"主讲教师难以兼顾两端学校学生，会使两端学生的基础差距进一步拉大，尖子生吃不饱，一部分基础薄弱的学生跟不上。另外，主讲教师的能力不强，也会影响教学效果。除双师课堂教学能力不高之外，一些主讲教师的学科教学能力也存在不足。主讲教师 Y 说："虽然现在都讲大单元教学，但是到底什么是大单元教学，如何开展大单元教学，具体如何结合教材设计，各个学科怎样融合，我觉得这需要更高层次的专家来给我们进行指导，这是我们需要培训的内容。"远端学校教师在访谈中也多次说道："要帮助我们，首先得选拔好主讲教师才行，但是对于一些主讲教师的教学，也没有觉得有什么新颖的地方，这样我们会觉得没什么意思。"主讲教师的能力之所以存在不足，主要是由于其所在学校优秀教师短缺，将年轻教师选为主讲教师，旨在将双师课堂教学作为锻炼新入职教师的契机，而这违背了双师课堂共享优质教育资源的初衷，也不利于两端教师的协同教学。

双师课堂教学需要远端学校教师具有较强的沟通交流、协同配合和组织管理等方面的能力，但远端学校教师的相关能力不足，表现为缺乏协同理念、协同能力有限。我们通过课堂观察发现，多数远端学校教师对自身的角色和职责不明确，课中常作为观摩者或听课者存在，与主讲教师缺乏协同配合，对本地课堂也不能有效地进行组织管理，不能为远端学生提供支持和帮助，影响了远端学生的学习效果。

2. 管理者的能力有限

双师课堂是由一把手负责的系统工程，上下均以管理者为风向标，教育局局长、学校校长等管理者的管理能力对双师课堂的有效实施具有决定性作用。领导重视，则上下一盘棋，双师课堂的实施就会很顺畅，反之则不然。具体而言，这不仅取决于管理者的理念、认同，还取决于管理者的领导力。然而，在双师课堂实施过程中，多数区域管理者对双师课堂的认识不深刻、认同度不高、领导能力不足，对双师课堂教学缺乏顶层设计和统筹规划，导致双师课堂实践形式化、随意化，教师的参与热情不足、动力不强、实践效果不好。调研中，L 教师说道："有些局长是不懂教育的，更不懂信息化，所以他怎么可能重视呢？"某学校校长 Z 说："需要有一个规划，如果没有人负责管理，实践到后面就很难取得效果。"某基层管理者说："我们基层一定是围绕上级部门的导向来走的，如果上面没有明确的导向和要求，那基层的热情也就很难提高。也就是说，没有领导关注，没有电信部门的保障，实行起来就有难度。在实践过程中，最突出的问题就是通信线路问题。"还有些学校校长缺乏领导智慧，中途叫停双师课堂教学实践。教师 L 说："这也要看校长的智慧，有的学校就抱怨什么都没有，很难开展，比如，前期试点的某中心小学，校长特别不积极，后来基本上就停了。"

总之，双师课堂的实践推进会受到各级管理者的影响，尤其是上级管理者的方向性引领作用特别重要。然而，在实践中，管理者的领导力不足是制约双师课堂实践推进的主要因素。

4.2 教学层面面临的问题

通过对双师课堂教学设计案例、视频课例的分析，以及对双师课堂的实地观察，我们发现双师课堂教学中存在一些问题，主要表现为两端学校教师在课前、课中、课后不同环节的协同与交互不足。本节分别从教学设计、教学组织实施、教学评价反思三个环节进行分析。

4.2.1　教学设计问题

双师课堂中的教学设计主要表现为协同备课，即上课之前，主讲教师与远端学校教师协商，确定选题、分析学情、设定教学目标、设计教学活动，并形成双师课堂教学设计方案的基本过程。双师课堂备课与传统备课的不同之处在于：①需要双师协商完成；②需要考虑两端学校学生的差异；③需要考虑双师课堂异地网络同堂的特性。然而，我们在调研中发现，双师课堂协同备课中存在以下方面的问题。

1. 学情分析问题

奥苏贝尔等认为，如果不得不把全部教育心理学还原为一条原理的话，影响学习的唯一重要因素是学习者已经知道了什么。[①]然而，学习者已经知道了什么，在教学设计中需要通过学情分析来了解。因此，学情分析是教学设计的重要环节，是为了实现高效教学而对学生的研究。张祖忻等认为，学情分析是对学习对象的分析，包括对学生已有知识技能和学习态度的分析，对影响学生学习因素的分析，对学生的学习风格、起点能力等的分析。[②]著名心理学家 Snow、Swanson 使用了 "learning situation" 这一概念，提出学情分析不仅要关注学习者已有的知识基础，还要关注已有知识对学习者后续学习的影响，即 "以学定教"。[③]学情分析的意义体现在以下几个方面。

1）为教学预设提供基本依据和重要指导。通过科学的学情分析，两端学校

---

① D. P. 奥苏伯尔等. 教育心理学——认知观点[M]. 佘星南，宋钧，译. 北京：人民教育出版社，1994：7.

② 张祖忻，朱纯，胡颂华. 教学设计——基本原理与方法[M]. 上海：上海外语教育出版社，1992：6.

③ Snow R E，Swanson J. Instructional psychology：Aptitude，adaptation，and assessment[J]. Annual Review of Psychology，1992（1）：583-626.

教师可以比较全面深入地了解两地学生的已有知识储备、学生的认知特点和学习风格等重要信息，为"以学定教"提供重要依据。

2）教学目标设定的基础。只有真正了解学生的已有知识经验和认知心理特点，才能确定其在不同学科、不同学习活动中的最近发展区，从知识、技能等方面科学地设定教学目标。

3）教学内容分析的重要依据。在确定教学起点时，两端学校教师需要从两地学生的实际出发，根据学生的差异及特点，正确界定教学内容的难点。因为有的内容对主讲端学生来讲可能不是难点，但对接收端的学生来说就是难点。

4）教学活动设计的落脚点，以及教学方法、策略选择的依据。没有学生的知识和经验作为基础，许多活动（如探究、合作等）很难有效实施，所以教学活动的设计也需要将学情分析作为基础。

总之，学情分析是教学设计前端分析的重要内容，是实施因材施教、提升课堂效率、开展分层教学的前提和关键。已有研究中普遍提到，学情分析要分析学生的起点、能力、学习需求，以及学生的兴趣、生理和心理特点、学习环境、个体差异等方面。学情分析全面、准确、充分与否，在一定程度上决定了教学设计是否合理、教学组织是否顺利、教学效果是否高效。

在双师课堂中，教师、学生、教育教学的环境均发生了变化，那么学情分析也应体现双师课堂的特殊性，具体包括学情分析的主体应由两端教师共同承担，学情分析的对象应包括两端学生，即要关注两端学校学生的学情，以及其在知识基础、能力水平、生活经验及学习态度、学习环境等方面的差异。然而，从双师课堂的教学设计方案分析及对两端学校教师的访谈可以发现，双师课堂的学情分析中存在一些问题，具体表现为以下几个方面。

1）学情分析未能全面兼顾两端学生的差异，主要是指双师课堂的学情分析多以主讲端学生学情为主，对远端学生学情的关注不足，对两端学生的学情差异缺乏深入的分析。该问题主要在双师课堂教学设计方案中得以体现。例如，某教学设计方案中的学情分析写道："学生已经掌握了体育项目和一般将来时的表达，但都是零散的知识结构，有必要进行系统的学习和巩固，以提高和加深学生对整个单元的理解与掌握。"以上案例中的学情指代对象不明确，且未能体现两端学生的学情差异。此外，以上学情分析体现的学情信息有限，仅提出学生对新学内容存在一定的学习需要，却难以为教学模式选择、教学策略制定、教学活动组织等提供参考，对教学的指导性不足，即学情分析不全面，难以为合理、适宜的教学方案制定提供依据，不能达到"以学定教"的目的。在访谈中，有主讲教师也反映了对两端学生情差异把握的不足对教学效果的影响。如主讲教师 L 说："这节双师课的效果不好，课堂乱糟糟的，远端的学生不受控制，而且很难带动。提问时，远端学生也不敢回答，他们不自信，害怕上台展示，个别回答问题的同学声音也特别小。我觉得课前自己对远端学生的了解不够，导致预设的目标和实际有很大的差距。以后上课时，我一定要好好审视两端学情的差距。"以上案例中，主讲教师明确指出课前对远端学生的学情缺乏了解，自主预设课堂，导致课堂组织不顺畅、教学效果不理想，这也体现了课前对两端学校学生学情的差异进行分析的重要性。

2）学情分析不够全面、深入。这主要表现为两个方面：一方面，学情分析的关注点不全面，没有综合考虑两端学校学生在一般特征、初始能力、知识水平、生活经验等方面的共性和差异；另一方面，学情分析的关注点或许较为全面，但是分析深度不够，难以为教学决策提供参考和依据。例如，某教案中的学情分析部分写道："两端学校学生对端午节的来历和习俗等相关知识了解不多。"其提到了两端学校学生，关注到了两端学校学生的学情，然而学情分析的关注点只提到了学生的"相关知识"，即分析了学生的知识基础，并认为"了解不多"，提出了学生开展本课内容学习的需要，但是从学情分析全面性的角度来看，并未考虑到两端学校学生的已有生活或知识经验，导致在课堂教学中出现了活动设计组织不当的问题。例如，在以上案例的课堂教学中，教师让学生分享"端午节洗龙水"的活动经历，但学生因缺乏生活经验而无从应答，可见学情分析不到位，导致活动组织低效或者无效。因此，学情分析不仅要全面，还应该深入考虑针对该学情如何进行教学活动设计才更有效。

3）学情分析形式化，教学的指导性不足。学情分析作为"以学定教"的重要依据，不仅表现为"以学情定教什么"，还表现为"以学情定教到哪种程度，采用何种方式进行教"，即学情分析是确定教学目标、教学模式、教学方法、教学活动等的主要依据。我们通过对双师课堂教案的分析发现，其中的学情分析模块往往相对独立，与其他模块缺乏内在关联，并未体现出其应有的教学指导性。

如某案例中的学情分析如下："主讲班是一个普通班，学生的语文素养中等、自主学习能力一般、文言文翻译基础不够牢固，学生学习文言文的兴趣较浓厚，同学关系融洽。接收端学校班级是该校中一个较好的班级，学生的整体语文素养中等，但乡村学校学生与城区学校学生在自主学习能力、学习兴趣等方面还存在一定的差距。"可以看出，该案例中的学情分析关注到了两端学校学生在自主学习能力和学习兴趣等方面的差距，关注点覆盖了两端学校学生的学科素养、学习能力、学习基础、文言文学习兴趣、同学关系等多个方面，但从语言表述上来看，使用了"素养中等、能力一般"等较为笼统的表述，难以作为教学过程、教学策略制定的依据，并未能真正发挥学情分析的应有作用。因此，以上问题也是目前双师课堂学情分析中的典型问题，即为分析而分析，分析形式化，没有产生实质性的作用。

综合分析发现，导致以上学情分析问题的根本原因在于：①两端学校教师对双师课堂的"双师协同、兼顾两地"的本质认识不足，主讲教师未能真正将远端学生作为教学对象；②两端教师在课前缺乏充分沟通，表现为"主讲教师对远端学校教师的简单告知"，没有对两端学校学生的学情进行深入沟通，有的主讲教师对远端学生的学情完全不了解，对两端学校学生的学情差距的认识不够深入。远端学校教师只是被告知教学课题、教学材料，或者做一些学生分组、设备调试等方面的工作。这导致教学过程的设计也多以主讲学校学生为基础，难以设计出基于两端学情差异的合理教学目标、教学内容和活动等。

双师课堂的学情分析需要注意以下几点：①兼顾两地。这是由双师课堂本身兼顾两地学生的本质特征决定的。双师课堂包括本地课堂和异地课堂，教学对象包括两端学生，因此学情分析就需要考虑两端学生的学情，并分析其差异。②双师协同。这是由于双师课堂是两端教师共同教学的形式，因此学情分析也必然需要双师沟通、协同开展。③学情分析要考虑全面，突出重点。学情分析包括对一般特征、初始能力、学习风格等的分析。教师对学生学情的分析越全面，课堂上越能更加游刃有余地应对突发情况。同时，在保障学情分析全面性的基础上，对双师课堂学情的分析还应该突出重点，关注两端学校学生在知识、经验、能力水平和性格特征等方面的差异。④学情分析要具体、明确，体现教学的指导性。

2. 教学目标设定问题

教学目标是课堂教学的核心，源于课程标准、教材与学情分析，描述了课堂教学预期的结果，既是课堂教学的终点，也是课堂教学的起点。顾明远认为，教学目标是教学主体，即教师和学生在教学活动中期望达到的学习结果，是对学生的变化，即学生能做什么、会做什么的预期。[①]关于教学目标，学界还有多种认识，主要从标准要求、教学结果、学习结果等不同角度进行分析。看重标准要求的学者将教学目标与教学活动中要达到的预期结果紧密关联；看重教学结果与学习结果的学者强调，教学目标反映的是教学活动主体预先确定并期望在教学活动中达到的，在教学活动结束后学习者内部心理结构在不同水平上的变化。[②]总之，教学目标是教学中师生预期达到的学习结果和标准，是一切教学活动的出发点和归宿，是选择教学方法、教学活动的依据，也是进行教学评价的标准。

教学目标设计是教学设计的关键环节。教师应以维果斯基的最近发展区理论为指导，以学生当前的知识基础与能力水平为基础，制定合适、恰当的教学目标。

一般而言，教学目标设计应满足系统性、全面性、层次性、操作性四个方面的要求。其中，系统性是指系统把握目标要求，整体分析目标关系，重视目标的纵向分析，逐层具体化，从单元教学目标到课时教学目标，实现上下贯通。全面性是指面向全体学生，促进学生的全面发展、内容全面覆盖。其中，面向全体学生是指以课标为依据，保证每一位教学对象都能达到课程标准的基本要求。全面发展是指学生的知识、技能、方法、能力等学识方面的发展。内容全面覆盖是指教学目标要实现课程标准中提及的全部内容。课程标准是对学生需要达到的水平界定的基本要求，教学目标设计要涵盖课程标准提出的基本内容，以促使学生达到课程标准的基本要求。层次性是指进行分层设计，即问题分层、水平分层。林培英强调要从目标分层的角度考虑教学目标设计，对知识内容分层分类[③]，对每节课对应的课程标准进行分层设计，从而落实成为具体的教学目标设计。操作性是指学习过程要具体、学习结果应明确。通过设计明确而具体的教学目标，可以提升教学实践过程中的操作性，实现教学效果。为了使教学目标能够更加有效地

---

① 顾明远. 教育大辞典：增订合编本（上）[Z]. 上海：上海教育出版社，1998：718.
② 罗儒国. 建国 70 年教学目标研究的回顾与前瞻[J]. 河北师范大学学报（教育科学版），2019（1）：31-37.
③ 林培英. 高中地理课程《地理 1》的内容特点与目标分层[J]. 地理教育，2018（1）：4-6.

达成，教学目标对过程与方法的描述应该具体、准确。①

顾明远对评价指标的设计提出了以下几点要求：①指标精确地表示了目标，指标的表达使目标行为化和具体化，并与目标相吻合；②指标定义语言具有可操作性，易于观察和度量，易于得出清晰的评价结果；③指标间相互独立，同一维度各指标间不能存在包含与被包含的关系；④该指标体系是一个完整的体系，各个层次都是有逻辑的、系统的；⑤指标反映了被评估对象具备的共性，是一个可以用来比较的指标；⑥指标与现实相符，从现实角度来看，既具体、切实可行，又富有实用性。②

双师课堂的教学对象为分处两地、学情差异较大的学生。双师课堂的教学目标设计既要遵循基于以上教学目标设计的基本原则，又要考虑双师课堂的特殊性，需要在充分考虑两端学校学生差距的基础上进行设计，要能够体现出面向不同基础水平学生的目标差异性和层次性，既要避免太高难以达到，又要避免太低而缺乏挑战性。因此，需要两端学校的教师协商确定教学目标。然而，双师课堂教学目标设计却存在一些问题，主要表现为教学目标的适用对象不明确，未体现两端学校学生目标的差异。从表4-1的案例可以看出，虽然其中列出了学生要达到的知识与技能、过程与方法、情感态度与价值观目标，却没有明确指出该目标的适用对象。两端学校学生的知识基础、能力基础存在差异，采取同样的教学目标，要么会出现对主讲端学生的要求降低，目标缺乏挑战性等问题，要么会出现对远端学生的要求太高，目标难以实现等问题。长此以往，容易导致两端学校学生一边"吃不饱"，另一边"消化不了"的问题。因此，教学目标需要明确面向两端学校学生的共性，关注两端学情的差异。

表4-1 教学目标设计案例

知识与技能目标	过程与方法目标	情感态度与价值观目标
1. 能听、说、读、写"in、on、under、behind、box、toy、bedroom"等几个单词	1. 通过参与对话活动，培养学生的口语表达能力	1. 激发并保持学生对英语的兴趣
2. 能熟练表达"It's in the box""It's on your desk""It's under the chair""It's behind the door""It's in your bedroom"等句子	2. 在游戏过程中，通过辨别并用英语描述自己的位置，培养学生的方位感	2. 鼓励学生积极大胆、敢于模仿、克服不愿或羞于开口的心理

① 林以宁. 基于核心素养的高中地理课堂教学目标设计研究[D]. 华中师范大学，2020.
② 顾明远. 教育大辞典：增订合编本（上）[Z]. 上海：上海教育出版社，1998：718.

续表

知识与技能目标	过程与方法目标	情感态度与价值观目标
3. 能够听懂并辨别他人描述的事物的位置		
4. 能够自己描述事物的具体位置		

因此，双师课堂教学目标设计要考虑使用对象，确定哪些目标是面向两端学生的共性目标，哪些仅面向主讲端学生，哪些仅面向远端学生，以兼顾两端学情的差异，设计个性化的目标，体现双师课堂教学目标的层次性特征。

3. 教学内容选择问题

双师课堂旨在帮助远端学校解决开不齐、开不好课的问题。因此，双师课堂应该以远端学校的实际需求为导向，精选教学课题，即所选的教学内容要能够促进两端学校学生的成长，引领远端学校教师的发展，解决远端学校的教学问题。同时，双师课堂又以两端学校互利共赢为主要目的，教学课题的选择也应考虑主讲端学生的接受水平。这就要求两端教师在深度交流的基础上，共同协商选择有利于两端共同获益的课题。但在双师课堂教学设计中，两端学校学生的差距对教学内容的设计提出了挑战，设计不当容易导致主讲端学生"吃不饱"，远端学生"嚼不烂"的问题，也容易影响学生的参与感。某主讲学校教师 M 表示："我的设计，可能这边孩子接受了，那边的孩子可能有点蒙，觉得接受不了，所以把握这个度就很难。"在双师课堂的教学设计中，教学内容选择的常见问题主要有以下几个方面。

1) 兼顾两端不足。一方面，表现为教学内容的选择对远端学校师生需求的考虑不足，即教师依据主讲端学生学情进行教学设计，导致远端学生上课听不懂、跟不上教学节奏，无法取得预期的教学效果，进而会影响远端学校教师对双师课堂的认同度。某远端学校教师 Z 表示："说实话，我觉得孩子能真正学到的东西并不多，可能是因为网络有时候连上又断开，时间久了，学生的思维就跟不上了，课堂氛围也被破坏了，还不如自己面对面教学。这不仅增加了自己的工作量，还增加了压力。"某远端学校教师 L 说道："那边的教师按照他们的进度选择主题，我们的学生基础不好，教师上课讲的知识太难，孩子们学不会，跟不上教学的节奏。"之所以出现以上问题，主要是因为选择的教学内容过难，远端学生难以"消化"。此类问题在双师课堂实施过程中较为常见，尤其是双师课堂实践初期，主讲教师对远端学生学情的把握不到位，常将双师课堂当作公开课，教学内容的选择主要以本地学生学情为主，忽视了远端学生的知识基础和接受水平，导致所选内容远端学生接受不了。此外，对远端学生的需求考虑不足，还会出现另一种情况，即所选内容常规化，远端学校师生难有收获。某远端学校教师 W 说道："所选的内容也没有什么新颖的，对我们的帮助也不是太大。"之所以出现该类问题，主要是因为主讲教师开始关注远端学生的需求和两端学生的差异，选择降低内容难度来适应远端学生学情，但由于把握不当、所选内容过于简单，远端学校师生感受不到双师课堂的价值，远端学校教师甚至会对主讲教师的能力和双师课堂的价值产生质疑。

另一方面，表现为对主讲端学生的需求考虑不足，导致主讲端学生"吃不饱"。也就是说，主讲教师为了能够有效兼顾两端学生的学情差异，不得不降低教学难度，这必然会拖慢主讲端的教学进度，使主讲端学生对课堂失去兴趣。部分主讲端学生表示，不希望上双师课，因为课程难度小，没有什么深度，老师将大量时间花费在提问环节，学不到更多的东西。某主讲学校教师 L 在反思中说道："主讲端学校的孩子觉得内容太简单，没有挑战性，所以课上注意力会不集中，也难以激发他们的兴趣，影响了教学效果。"以上案例反映了主讲教师为满足远端学生的需求降低教学难度，导致教学内容对主讲端学生失去挑战性。该类问题会影响主讲班级的教学进度，导致主讲班级学生产生失落感，不利于双师课堂的持续开展。

总之，双师课堂教学内容选择不能恰当地兼顾两端学情，不能选择合适的主题，是主要问题之一。针对该问题，某远端学校教师在访谈中说道："学生情况也是调整上课内容的依据，所以要了解学生的情况。对优秀一点的学生来说，有些内容是不需要讲的，对基础薄弱一点的学生来说，必须要详细讲。"但以上方面的问题多表现在语文、数学等远端学校师资短缺不严重的学科，对于音乐、美术等师资短缺且学业要求不太高的学科而言，教师和学生均持积极的支持态度。正因为如此，一些学校进行了学科调整，重点选择音乐、美术、主题班会等课程开展双师课堂教学，而针对语文、数学等学科采取同步教研的方式，以促进两端学校教师交流研讨、共同发展。

2）课堂教学内容容量不当，教学任务很难完成。双师课堂不仅包括本地课堂，还有基于网络的远端课堂，教学对象不仅有主讲端学生，还有远端学生。从一定程度上而言，课堂规模更大，课堂形式富于变化，加之两端学生的学情差异等问题，常规课堂的教学容量在双师课堂难以完成。如果教师不能考虑到以上因素，就会出现时间紧、任务难完成等问题。例如，一位主讲教师在教学反思中写道："本节课是按照常规课45分钟的内容量进行设计的，但上课时，因为网络延时，而且要照顾两端学生，提前确定的课堂知识点容量较大，导致预设的合作表演活动没有时间组织，最后课程匆匆结束，设定的教学任务没有完成。"可见，在以上案例中，教师将双师课堂当作一般课堂来对待，忽视了双师课堂与传统课堂的差异，没有考虑到双师课堂的教学环境、多元互动等对教学进度的影响。因此，在双师课堂环境中，在精选课题的基础上，主讲教师还应该合理确定教学容量。

3）对教学内容的难度把握不当。教学内容选择不仅包括课题、容量，还包括重难点分析。在双师课堂教学中，由于两端学生的学情存在差异，教学重难点也会有所不同。但是，在教学设计案例中，结合两端学情的教学重难点分析不足，尤其是不能准确把握远端学生的学习难点，不好确定教学内容的梯度，这不利于对教学的组织安排。某教研主任说："双师课堂无形中已经变成大班额了，最主要的就是学情不一样，那么对教学设计难度的把握非常不容易。有的时候，如果教学设计梯度不准确，课堂教学很难顺利进行。老师很累，而且看不到效果，进而会产生负面情绪，这种情绪还会蔓延并影响学生。"

总之，双师课堂的特殊性决定了双师课堂教学内容分析的复杂性。如果简单地将双师课堂教学内容分析按照常规课堂对待，会出现课题无价值、任务难完成、内容缺乏梯度、两端学校师生难有实质性的收获等问题。

4. 教学活动设计问题

"教学活动"一词出现于20世纪末，被理解为师生之间沟通的社会性实践活动。从本质上来看，教学活动既是学生掌握知识、发展认知技能的认识活动，也是促进学生身心全面发展的过程。因此，教学活动可以被看作促进学生发展的社会实践活动。①穆肃等将信息技术环境下的教学活动分为教师活动、学生活动和无意义教学活动②；李玉顺等将教学活动定义为在信息技术环境下，课堂教学中的教师与学生为了完成教学目标进行的完整的"教"与"学"行为序列组合③。教学活动也被称为"学习活动"，杨开城将其定义为学生为达到特定的学习目标而完成的学习任务及其所有操作的总和。④本书认为，教学本质上是一系列活动的组合。我们将教学活动分为教师教的活动和学生学的活动，将课堂教学看作一系列连续教学活动的组合。课堂教学要促进学习目标的实现，对教学活动进行精心的设计就显得尤为重要。教学活动的设计要以调动学生积极参与，增进师生、生生交流互动，促进教学目标实现和学生全面发展为目的。杨开城指出，学习活动设计主要包括活动任务的设计、活动基本流程和步骤的设计、活动监管规则的设计及活动评估规则的设计。⑤双师课堂的教学系统具有复杂性，教学活动设计也应体现其特殊性。例如，双师课堂中的活动主体包括两端学校的师生，具有多元主体特征；双师课堂的活动场所不仅包括面对面的物理课堂，还包括基于网络的远程课堂，活动类型的选择应该考虑到场所的特性。总之，双师课堂的活动任务、活动流程、活动监管规则、活动评估等均应遵循双师课堂的特性来进行精心设计。

我们通过对双师课堂教学设计方案和课例进行分析发现，双师课堂教学活动设计的常见问题有以下几个方面。

1）教学活动形式单一，对两地学生的兼顾不足。远程学习教学交互层次塔理论认为，教学交互的最终目标是促进概念交互，实现深层学习。学习活动设计是促进深层学习发生的关键，概念交互的发生取决于信息交互发生的水平。支持信息交互的学习活动设计会直接影响学习效果，是同步课堂学习活动设计的重

① 李玉顺，谭律岐，公雪等. 基于活动理论的小学数学课堂教学活动模型建构[J]. 中国电化教育，2022（8）：61-67.

② 穆肃，董经，唐冬梅等. 信息化课堂教学中教师行为对学生活动的影响[J]. 中国电化教育，2019（8）：91-98.

③ 李玉顺，谭律岐，公雪等. 基于活动理论的小学数学课堂教学活动模型建构[J]. 中国电化教育，2022（8）：61-67.

④ 杨开城. 以学习活动为中心的教学设计理论——教学设计理论的新探索[M]. 北京：电子工业出版社，2005：16-17.

⑤ 杨开城. 以学习活动为中心的教学设计理论——教学设计理论的新探索[M]. 北京：电子工业出版社，2005：16-17.

点。同步课堂信息交互以异地师生、生生交互为主要类型。因此，要促进学生概念交互发生，实现深度学习，学习活动设计就需要能够有效地支持异地师生、生生交互，尤其是远端学生与主讲端教师和学生的异地互动。

双师课堂中的教学活动设计往往形式单一，不能有效支持远端学生与主讲端师生的异地交互，难以促进学生概念交互的发生，具体表现如下：①教学活动设计难以保证远端学生获得同等的互动机会，影响了其课堂融入感和归属感。课例分析发现，讲授是主要的教学行为，提问是师生互动的主要形式，互评和观点补充是异地生生的主要交互形式。但由于课堂提问次数相对较少，且多以本地学生为主，远端学生参与活动的机会不足，与主讲端师生互动的频率低，常以"旁观者"的身份游离于课堂之外。②教学活动设计不利于远端学生认知、行为、情感的全面参与，课堂参与度不够。其主要体现在以下几个方面：其一，教学活动较少考虑远端学生的参与，远端学生常作为活动旁观者；其二，主讲教师与远端学生的互动机会少，为数不多的反馈多是形式化的鼓励和表扬，缺乏启发、引导、追问等进一步促进远端学生深层认知参与的互动行为；其三，以冰冷的编号代替学生姓名来提问，缺乏温度的课堂使远端学生难以产生积极的情感体验。在某案例中，为了调动学生参与活动的积极性，锻炼学生的口语表达能力，教师设计了情境表演游戏，让主讲端学生以小组为单位，在讲台上进行情景剧表演，而远端学生只是通过屏幕静静地观看，没有参与机会。该案例教学活动的参与主体为主讲端学生，说明活动的设计没有兼顾远端学生，远端学生只是作为旁观者观摩，忽略了其学习主体地位。以上教学活动设问题均不利于学生概念交互和深层学习的发生。

2）未考虑远端学校教师的协同职责。双师课堂的双师特性，决定了教学活动的实施主体不仅包括主讲教师，还应该包括远端学校教师。尤其是对于远端学校班级而言，主讲教师鞭长莫及，远端学校教师要发挥协调、组织的作用。当两端班级的教学活动不一致时，远端学校教师需要独立组织活动。这就需要在进行教学活动设计时，明确两端班级的活动类型、教师的组织职责。双师课堂教学设计中要明确两端学校教师各自的任务。然而，在进行双师课堂教学活动设计时，一些主讲教师常常会忽视远端学校教师的作用，远端学校教师不了解活动安排和活动规则，难以提供必要的支持。某远端学校教师 L 说："我不知道课中的流程安排，也不清楚上课时主讲教师会组织哪些活动，所以我主要负责维持纪律，或者给学生递递话筒，设备有问题了，稍微调整一下。"该案例中的远端学校教师对课中教学活动的安排和教学过程的实施流程不了解，说明主讲教师在设计教学活动时没有考虑远端学校教师的协同职责，尤其是双师课堂中远端学校教师的协同职责，不利于教学活动的顺利组织与实施。

3）忽视了双师课堂教学环境的支持性，对双师课堂的特殊性考虑不足。学生充分参与教学活动，是促进教学目标实现的前提，教学活动的开展依赖一定的环境支持。基于网络的远程课堂有其适宜的活动类型，如果不能充分考虑双师课堂的特殊性和教学环境对活动的支持，教学活动的开展就会受到影响。双师课堂的教学活动设计，需要结合双师课堂的特殊性进行恰当选择。然而，在实践中，经常会出现教学活动难以开展的问题。例如，在某英语课堂中，主讲教师为促进两地学生的交流互动，设计了由两端学生参与的异地讨论，以及齐声合唱、齐声朗读等教学活动。但由于网络延时等的限制，教学过程中出现了课堂混乱的现象，教学效果不理想。在课后反思中，主讲教师 L 说道："我忽视了网络课堂的特殊性，一些活动在网络环境下难以开展，双师课堂的教学活动形式不能简单地从传统课堂照搬。"以上案例中的教学活动难以实现，主要原因在于选择活动类型时没有考虑到双师课堂网络教学环境的特殊性。

4）活动规则不明确，指令不清晰。规则是教学活动顺利实施和教学目标实现的重要保障，因此明确教学活动规则成为教学活动设计的主要内容。双师课堂的活动主体具有多元化和非面对面等特征，这在一定程度上增加了教学活动的难度和复杂性。要保证双师课堂活动的顺利开展，就需要有明确的活动规则和清晰的活动指令。然而，在进行双师课堂教学活动设计时，两端学校教师往往更关注活动类型的选择、活动过程的安排等，经常忽略活动规则的设计，从而对双师课堂的教学组织与实施产生影响。例如，在某英语课中，主讲教师设计了听单词做动作的游戏，以调动两端学生的学习兴趣。主讲端学生的参与较好，但远端学生因不了解活动规则，不清楚如何做动作，没有跟上教师的节奏。案例中主讲端学生与主讲教师已经将活动的规则内化为相互之间的默契，但远端学生与主讲教师较为生疏，不了解主讲教师的教学习惯，主讲教师没有特别强调活动规则，这样远端学生就很难顺利参与到活动之中。此外，在双师课堂异地师生的交流互动中，非语言符号不能发挥作用，语言成为唯一的交流工具，这就需要有清晰的语言指令。因此，在课前进行活动设计时，需要明确活动对象，并设计活动指令，否则会影响课堂活动的顺利开展。如某节课中主讲教师在提问学生时，用了"请举手的那个女生回答""请穿蓝色衣服的那个男生回答""请第三排的男同学起来回答"等模糊性话语，导致远端长时间无人响应，课堂教学进度和教学效果受到了影响。案例中，主讲教师模糊的指向，导致学生面面相觑，耽误了时间，是教学活动设计的失误。

总之，在进行双师课堂教学活动设计时，活动类型的选择、活动职责的分工、活动规则的明确、活动指令的明晰等环节，都需要紧扣双师课堂活动主体、互动场域的特殊性。

5. 教学评价设计问题

教学评价是以教学目标为依据，制定科学的标准，运用一切有效的技术手段对教学活动过程及其结果进行测定、衡量，并给予价值判断的过程。教学评价的目的是了解教学目标的达成情况，发现教学中存在的问题，为教学进度、内容、方法等的调整提供依据。要保证教学评价的有效实施，课前备课时，教师就需要对教学评价进行精心的设计。

教学评价设计要基于系统性思维，全面综合考虑评价的对象、主体、内容等要素，同时为保证评价结果的全面性、客观性和精准性，要以多元评价理论、全过程评价理论为指导，合理借助技术手段来支持教学评价。双师课堂作为一个复杂的教学系统，教学主体、教学对象、教学环境均表现出新的特点，所以双师课堂的教学评价也应该考虑以上复杂性。在确定评价对象时，要关注主讲端和远端两地学生，如果两端的教学目标存在差异，评价方式也应该具有一定的差异。就评价主体而言，参与评价的教师不仅包括主讲教师，也应该包括远端学校教师，两端教师需要结合教学目标协商确定教学评价方式。关于教学评价的内容，不仅要关注学生的学习结果，还应该关注学生的学习过程，即同时兼顾过程性评价和结果性评价。双师课堂教学评价设计应结合教学评价的新理念和双师课堂的新特点进行。

在双师课堂实践的不同阶段，教学评价设计也出现了不同的问题，具体如下。

1）评价主体不明确。这主要是指教学设计方案中采用的是常规课堂教学评价的表述方式，不能够清晰地呈现出评价主体。例如，一位教师在双师课堂教学设计方案中对教学评价的设计进行了如下描述："教师观察并记录学生课中学习及参与活动的表现情况；教师通过组织对话展示及测试活动了解学生的知识掌握情况；小组成员根据组员表现进行打分互评；学生各自提交一份学习及表现总结报告。"

以上案例中提到的评价主体有教师、小组成员和学生，体现了师评、生评、自评、互评相结合的思想，但并未明确教学主体是主讲教师还是远端学校教师，笼统的表述不利于远端学校教师明晰自己的评价职责。

2）评价对象未体现两端差异。在双师课堂中，面向两端学生的教学目标常表现出差异性和层次性，因此相应的评价方式也应有所不同。但从双师课堂的教学评价设计来看，难以对两端学生的评价方式等进行具体的区分，如表 4-2 所示。

表 4-2　教学评价设计案例

项目	内容
教学评价设计	教师观察并记录学生课中学习及参与活动的表现情况。 1. 适当地鼓励学生，激发他们的兴趣，告诉他们坚持到最后会有一个意外的惊喜，反复调动学生的情绪，让他们紧紧跟随教师的步伐 2. 本节课在进行了简单的总复习之后，设置了一个随堂测试环节，通过复习和考核让学生有所收获

以上案例对评价对象"学生"的表述较为笼统，难以辨别其代表的是主讲端学生还是远端学生，也没有体现对两端学生的评价方式有哪些不同，不能成为教师开展教学评价的参考。从本质上来看，以上现象反映了主讲教师仍然是教学设计的主要承担者，且一些主讲教师并未将远学生作为课堂的主要学习者，对双师课堂"兼顾两端"的本质认识不足，对远端学生的学习效果关心不够。

4.2.2　教学组织实施问题

"双师协同"与"多元交互"是双师课堂教学的关键，会影响远端学校师生的深度参与，决定了双师课堂的教学效果。协同与交互不足是当前双师课堂协同教学中存在的主要问题，具体表现为以下几个方面。

1. 双师协同不足

双师课堂以"双师协同"为主要特征，表现为课前协同备课、课中协同教学、课后协同评价反思三个阶段。双师协同是全面促进学生深度参与、保证教学效果的关键。但在双师课堂教学中，双师协同不足问题普遍存在，具体表现为以下几个方面。

第一，双师缺乏深度沟通，可能发生在课前、课中、课后等不同阶段。

首先，课前沟通不足，是指教学设计工作主要由主讲教师承担，双师之间的沟通不足，缺乏深入交流，不利于两端教师全面把握学情、制定科学合理的教学设计方案。例如，虽然课前两端教师也会有交流，但交流内容大多局限于主讲教师告知远端学校教师要教授的课程内容，以及需要由远端学校教师提前准备的一些事宜，偶尔远端学校教师也会提出一些自己的看法。然而，以上交流大多为事务性的内容，鲜有结合教学主题、教学方法、教学策略等的深入交流。

其次，课中沟通不足，具体表现为双师全程无沟通；主讲教师主动与远端学校教师沟通，远端学校教师无反馈；远端学校教师主动与主讲教师沟通，而主讲教师无回应等几种情况。

1）双师全程无沟通，是指课堂由主讲教师把控，远端学校教师扮演的是旁观者角色，双师课堂成为主讲教师的公开课、远端学校教师的观摩课。引发此类问题的主要原因，一方面在于主讲教师不认为远端学校教师需要参与协同，不认可远端学校教师具有协同能力。某主讲学校教师在访谈中说道："远端学校教师不是专业教师，不好参与到课堂中来。"某远端学校教师说道："我在课堂上主要还是听课，那边有主讲教师讲，所以我还是在课堂上学习。"某远端学校教师说道："一般来说，上课时，我们都是坐在后面听课，不会打扰主讲教师上课。"我们在课堂观察中发现，课中，多数远端学校教师大部分时间坐在教室后面，或频繁出入教室。由此可见，双师均没有意识到双师协同的本质，两端教师没有明确的职责分工。

2）对主讲教师的沟通，远端学校教师无反馈。例如，在某节课中，主讲教师组织学生进行小组讨论，在这个过程中，主讲教师询问远端学生的活动进展情况，远端学生无人回应，主讲教师也没有尝试与远端学校教师沟通，最终也未能了解到远端学生的活动进展情况。主讲教师要想了解远端学生的学习情况，需要远端学校教师的协助。然而，案例中远端学校教师并没有协助，双师缺乏沟通意识，更没有进行必要的配合。导致以上问题的主要原因在于，远端学校教师没有将自己作为课堂主体，缺乏主人翁意识，过于依赖主讲教师的教学安排，协同作用未能有效发挥。某远端学校校长 W 在反思中说道："我方指导教师的作用发挥得还不够。"以上问题不仅不利于远端课堂的组织管理，而且难以帮助主讲教师及时把控远端学生的学习动态，还会增加主讲教师的教学负担，影响主讲教师的参与热情。如主讲教师 M 说道："在这几年的授课过程中，他们（远端学校教师）的协助没有起到实质性的作用，基本上都是我一个人操控两边课堂，孩子们能吸收多少，最后成果怎么样，实际上很难在课堂上立马得到反馈。"由此可见，以上问题还会导致远端学校教师的专业技能下降，引发惰性依赖心理，违背双师课堂的初衷。

3）对远端学校教师的沟通，主讲教师无回应。例如，在某节课中，远端学校教师向主讲教师反映远端学生跟不上，但主讲教师并没有采取任何措施。也就是说，主讲教师未能将远端学校教师作为课堂教学的参与主体，不注重与他们的协同。

最后，课后沟通不足，主要表现为课后双师很少对两端学生的学习效果进行协同评价。两端教师各自关注本地学生的学习效果，主讲教师较少主动询问和了解远端学生的学习情况，远端学校教师也不会向主讲教师反馈本地学生的课堂表现。这使得主讲教师不了解远端学生的学习情况，也不能发现两端学生学习效果的差异，无法对自己的教学计划做出相应的调整和改进。

第二，双师缺乏有效协同。双师课堂的特殊性决定了两端教师协同配合的重要性。但在双师课堂教学实践中，双师之间缺乏协同配合是面临的主要问题，主要表现为双师有协同，但远端学校教师多承担边缘性辅助工作，对活动组织和启发引导工作的参与不足。该类现象主要发生在双师课堂实践中期，远端学校教师已经意识到自己并非旁观者，也需要参与课堂，但多将自己置于边缘参与者的地位，仅承担维持纪律、重复指令、调试设备等简单的辅助性工作，核心的教学性工作仍然由主讲教师负责。例如，某远端学校教师 Z 说道："主要看课中需要什么活动，需要什么，我就配合他，比如，需要几个孩子上来进行一些律动啊，那我就让孩子上来参与。"我们在课堂观察中发现，有些辅助教师仅仅是为学生递话筒，缺乏必要的补充讲解等，不懂得如何与主讲教师有效配合。某主讲学校教师 M 说："毕竟我不在现场，指导教师在配合时，只是问学生这个问题听懂了没有，没有什么专业的引导，比如，指导学生感受节拍和韵律，还是需要远端学校教师对学生进行这样的指导的"。

综合分析发现，双师协同不足问题产生的主要原因有以下几个方面：①认识。两端学校教师对专递课堂的协同本质认识不足。②态度。双方或一方配合的主动性不够，缺乏及时反馈与交流。③能力。双方或一方没有明确协同的任务分工，缺乏协同教学的经验，协同教学能力欠缺。④时间。两端教师工作繁忙，缺乏交流，未真正实现双师协同。

2. 主讲教师无法兼顾两端学校学生

在双师课堂中，主讲教师要同时兼顾本地及远端学生，对其教学能力提出了较高的要求。在教学过程中，常会出现顾此失彼或重此轻彼的现象，主要表现为主讲教师以主讲端学生为主，忽视了远端学生；主讲教师过于关注远端学生，主讲端学生的积极性受到影响。

首先，主讲教师忽视了远端学生。一些主讲教师在组织教学活动时，无论是提问还是讨论分享，均以本地学生参与为主，偶尔象征性地提问远端学生，但并未给予启发、引导或追问等深入的反馈。例如，在某英语课中，主讲教师为调动学生参与的积极性，锻炼学生的英语表达能力等，组织了英语情景剧表演活动，组织本地学生在讲台上表演，而远端学生只是通过屏幕观看，没有参与到活动中来。再如，在某班会课中，主讲教师组织本地学生扮演屈原，远端学生隔着屏幕观看。某主讲学校教师 Y 在访谈中说道："上课还是会把重心放在自己的学生这边，可能没有办法那么周全地照顾到对方学校的学生，因为自己平常上课都是一个班级。"以上现象在双师课堂实践初期较为常见，主讲教师组织教学活动时没有调动远端学生同等参与，与两端学生的交互深度也存在差异，也就是说没有将远端学生和本地学生同等对待，远端学生的课堂融入感和参与感不足。在访谈中，有远端学生将双师课堂当作"看电影"，将主讲教师看作"电视中的老师"，将参与双师课堂当作"观看别人上课"。之所以会出现以上问题，一方面是因为主讲教师没有真正将远端学生当作课堂主体；另一方面是因为主讲教师对远端学生不熟悉，隔着屏幕不好把控，在特殊环境中组织课堂活动的能力不足。

其次，主讲教师忽视了本地学生。主讲教师将关注点放到远端学生身上，而忽略了本地学生。如某音乐课中，主讲教师时刻关注着屏幕上远端班级的学生，每次提问都会首先请远端学生回答，本地学生热情地举手，却很少得到回答问题的机会，导致本地学生的积极性受挫。以上案例中，主讲教师明确了双师课堂"兼顾两端"的特征，在教学过程中有意识地给予远端学生关注和参与活动的机会，但由于主讲教师的兼顾两端能力尚不足，不能合理分配课堂参与机会，过于关注远端学生，忽略了本地学生，影响了本班学生的参与。

主讲教师兼顾两端学生不足问题，在课堂层面体现为师生互动频率和互动深度不够，但从教育公平的角度来看，体现为学生学习机会的不公平。双师课堂旨在促进教育公平，却在教学实践中产生了新的学习机会不公平，这对两端学校学生的学习体验、学习感受均具有重要影响。引发以上问题的原因，主要有以下几点：①思想认识问题。主讲教师对同步课堂"兼顾两端"的本质认识不足，并没有从内心真正地将远端学生作为自己的学生看待。②能力问题。主讲教师尚不具备兼顾两端学生的教学能力。③学情差距难兼顾。双师课堂两端班级的加入增加了学生数量，扩大了教学规模，两端学校学生的基础不同是客观现实，主讲教师要做到全面兼顾，存在较大困难。

3. 远端学校教师参与组织管理不足

双师课堂主讲教师与远端学生分处两地，主讲教师对远端课堂的组织管理受到了时空的限制，异地师生之间存在天然的疏离感。为保证远端学生能够在认知、行为、情感等方面做到深度参与，就需要远端学校教师发挥"在场"的优势，通过参与课堂活动的组织与管理，为学生提供全方位的帮助和支持。此外，双师课堂的"双师协同"特征也决定了远端学校教师在教学中处于不可或缺的协同地位，不仅要参与课前的协同备课，也要参与课中的协同教学和课后的协同反思。在课中的协同教学中，远端学校教师不仅要配合主讲教师，最为关键的是要做好本地课堂的教学活动组织和课堂管理工作，为本地学生提供支持，弥补主讲教师难以全面兼顾的不足，促进双师课堂的有序和高效开展。但在双师课堂教学实践中，远端学校教师参与课堂组织与管理不足的问题普遍存在，主要表现为"完全不参与"和"边缘性参与"两种情况。

1）远端学校教师完全不参与。一些远端学校教师将双师课堂当作"名师公开课"，而自己则作为"观课听课者"，以"学习者"的身份存在于课堂中，双师课堂"双师"的特性没有得到充分体现。课堂仍然由主讲教师独自掌控，远端班级多处于"失控"或"弱控"状态，远端班级的学生游离于课堂之外，学生在课堂中缺乏引导、支持和帮助，参与不足。例如，在某英语课中，教学过程中突发网络临时中断，远端学校教师与学生一起坐等网络修复，没有采取必要的措施引导学生学习。再如，在某节课中，主讲教师提问远端学生，远端学生没有人愿意主动回答，无人回应，场面尴尬，远端学校教师没有辅助主讲教师提问。以上案例中，当学生不愿意或不会回答时，远端学校教师应想办法通过引导、鼓励来化解尴尬，以避免冷场，可以通过直接点名、组织集体回答、与主讲教师沟通、由主讲学校学生帮忙回答等多种方式来应对。

2）远端学校教师边缘性参与。远端学校教师在课中会承担一定的任务，为学生提供一些支持和帮助，但与主讲教师相比，处于边缘化性地位，课堂行为包括维持纪律、点名、传递话筒、调试设备等。其对学生的支持仅限于辅助性工作，较少触及教学活动组织等核心工作，不能够为学生答疑解惑，也难以提供认知、情感等方面的启发、引导、激励等。例如，在某节音乐课中，远端学校教师只负责设备操作、递话筒等工作，主讲教师组织学生认识和体验乐器时，远端学校教师只是和学生一起观看，没有组织本地学生体验乐器，直到主讲教师提醒时，远端学校教师才起身拿乐器。

以上两种情况中的远端学校教师没有发挥其"协同主体"的作用，未能在远端学生的学习中起到积极的支持作用，学生的体验感不好，影响了双师课堂的教学效果，不利于双师课堂的持续开展。

4. 远端学生的课堂参与度不高

课堂教学是教师教和学生学的双边活动，好的教学效果的取得以学生的积极参与为前提。关于课堂参与，孔企平认为学生参与是行为参与、认知参与和情感参与的组合。行为参与主要表现为课堂中的操作性活动和社会性互动（如师生问答、小组协作）。认知参与就是学生在学习活动中使用的不同层次认知策略和自我监控等因素，分为深层次策略、浅层次策略和依赖策略。情感参与是指学生在学习活动中的情感体验，包括积极情感体验、消极情感体验。[①]课堂参与度是衡量学习者课堂参与的主要指标，是指学习者在课堂中致力于学习的生理和心理资源的总量，通过学习者在学习中的认知、情感的投入水平及其在课堂中的行为动作表现出来。[②]学生的课堂参与以形式多样的教学活动为基础。在双师课堂中，由于教学环境、课堂主体等的变化，教学活动的组织也会与传统课堂有所不同。若教师不能意识到双师课堂教学活动组织的特殊性，而是延续传统课堂活动的组织策略，就会导致活动组织不顺畅或者学生的课堂参与度不高。当前，双师课堂教学中学生课堂参与度不足的问题，具体表现在以下几个方面。

1）远端学生参与活动的机会不均等。在双师课堂中，一些远端学生未能获得与主讲端学生同等的活动机会，也缺乏主动参与活动的胆识和勇气，课堂中常被边缘化，主体地位体现不足。从课堂互动的情况来看，远端学生参与师生和生生言语互动的频次远低于主讲端学生，远端班级仅个别学生有被点名回答问题的机会，鲜有远端学生主动举手回答问题，多数学生的行为表现拘谨，整节课均处于沉默状态。从课堂活动参与情况来看，远端学生参与活动的机会少，参与深度不够，课中常以旁观者的身份存在。例如，课堂中的表演或游戏类活动，主讲端的学生多为主角，而远端学生多以观众身份欣赏"表演"，深度参与活动的机会不足。总之，在双师课堂中，无论是对话还是游戏，远端学生均缺乏均等的活动机会，不利于与其他个体的社会互动，也不利于促进远端学生的个体成长。

2）远端学生的情感参与动力不足。远端学生对参与课堂互动没有动力和热情。例如，在某节课中，教师整节课基本上都是在讲授，很少组织能够调动学生兴趣的活动，课堂交互比较少，学生基本都是在被动地听讲。教师偶尔会提问，学生答不上来，教师没有引导，学生回答后也没有得到教师的实质性反馈，学生

---

① 孔企平. 数学教学过程中的学生参与[M]. 上海：华东师范大学出版社，2003：19.

② Sun Y Q，Ni L H，Zhao Y M，et al. Understanding students' engagement in MOOCs：An integration of self-determination theory and theory of relationship quality[J]. British Journal of Educational Technology，2018（6）：3156-3174.

的积极性不足。再如，教师组织"看图猜词–揭晓答案–单词跟读"的记单词活动，起初学生还比较感兴趣，但对每个单词的学习方式都一样，学生的积极性逐渐被削弱。以上案例中，远端学生对课堂活动没有表现出浓厚的兴趣和热情，主要原因还在于，主讲教师设计的教学活动形式单一，缺乏吸引力，学生出现审美疲劳，很难长期保持参与热情和动力；没有得到参与活动之后的及时反馈，消极负面的参与体验和较低的获得感使远端学生开始质疑双师课堂的价值，进而逐渐对课堂活动失去兴趣，甚至出现抵触心理。

3）远端学生的认知参与深度不够。远端学生也参与课堂活动，但多停留在浅层次的认知互动，进行深层互动的机会少。例如，当主讲教师提问远端学生问题后，针对远端学生的回答，较多的反馈是形式化的表扬和鼓励，较少进行更深层次的追问、启发或者引导。远端学生难以得到如同主讲端学生一样的深度反馈，导致远端其更多追求形式上的参与，忽略了深层次的认知参与。

总之，远端学生课堂参与度不高是双师课堂教学中存在的一个主要问题。没有参与深度，就难以有好的教学效果，不利于双师课堂促进城乡教育均衡和教育公平目标的实现。

5. 课中突发状况难应对

双师课堂是网络与多媒体技术支持的一种新型教学模式，对技术环境具有较强的依赖性。若技术环境不完善，教学过程中会偶有故障出现，这就要求两端教师具有较强的突发状况应对、技术故障处理、设备维修、网络调试等方面的能力。然而，双师课堂教学过程中的突发状况，两端教师却难以应对，影响了双师课堂教学进程的连贯性，主要表现为设备临时出现故障、网络卡顿延迟等。当教学过程中出现此类问题时，两端班级的异地同堂教学中断，两端教师需要按照教学计划自主组织教学。但是，多数教师选择等待修复，耽误了课堂时间。例如，在某节英语课中，网络突然中断，屏幕黑屏，远端学校教师不仅未能立刻进行问题诊断或联系技术人员，反而坐等修复，置学生于不顾，导致课堂纪律出现混乱。案例中，远端学校教师没有采取应对措施，一方面表现出了其突发状况应变能力不足，另一方面也表明其课前没有做好应急预案。课中突发状况应对不当，双师课堂教学效果难以保证，会影响两端师生对双师课堂的认同感和持续参与的热情。

4.2.3　教学评价反思问题

教学评价包括对学与教的过程和结果的评价，具体涉及教学过程中的教师、学生、教学内容、教学方法、手段、教学环境、教学管理等诸多因素。因此，教学评价有两方面的核心工作，即对教师教学工作（教学设计、组织、实施等）的评价和对学生学习效果的评价。科学、精准的教学评价能够对教学过程及教学结果做出合理的价值判断，进而为教学决策的科学制定提供依据。教学评价的方法是多样的，可以分为量化和质性两大类。常用的教学评价方法有测验、征答、观察提问、作业检查、听课和评课等。做好教学评价，需要评价者明确评价目的和评价对象，以解决评价的方向性问题，进而明晰评价的具体内容，选用科学的评价方法和工具等，开展客观、科学的教学评价。

教学反思是教师对教育教学实践的再认识和再思考的过程，旨在通过回顾教学过程，总结经验教训，进一步提高教师的教育教学水平。教学反思对教学效果的改善和教师的专业成长具有重要意义，教师可以通过教育案例、教育故事、教育心得等方式来提高教学反思的质量。关于教学反思的内容，多数国内研究者认为，教学反思主要是对课堂教学过程和教学效果的反思。关于教学反思的时机，研究者普遍认为可以发生在教学前、教学中、教学后等不同阶段。因此，要进行高质量的教学反思，教师应根据不同反思时机的特点，聚焦不同的反思内容，以保障教学反思的针对性。吕洪波借鉴布鲁巴赫的研究成果，按照教学进程把教学反思分为"教学前反思""教学中反思""教学后反思"三种类型，并提出教学前反思具有前瞻性，能使教学成为一种自觉的实践，并有效地提高教师的教学预测和分析能力。教学中反思，即及时、自动地在行动过程中反思，具有监控性，能使教学高质、高效地进行，并有助于提高教师的教学调控和应变能力。教学后反思具有批判性，能使教学经验理论化，并有助于提高教师的教学总结能力和评价能力。[1]由此可见，不同阶段的教学反思均对课堂教学改进和教师专业发展有重要意义。

双师课堂的特殊性决定了双师课堂教学评价和教学反思的复杂性。例如，双师课堂教学评价与反思的主体具有多元化特征，不仅包括两端教师，还可能包括

---

[1]　Shanteau J. Competence in experts：The role of task characteristics[J]. Organizational Behavior and Human Decision Processes，1992(2)：252-266.

高校专家、教研员等人员。教学评价与反思的对象也是多样的，既包括主讲端师生主体，也包括远端师生主体；既包括学习结果，也包括学习过程。正因为双师课堂教学评价反思的特殊性和复杂性，当前双师课堂的评价与反思实践存在一些问题，影响了双师课堂的教学效果，以及双师课堂的高质量、可持续推进。

1. 远端学校教师缺乏及时反馈

双师课堂的教学效果如何，需要两端教师课后及时进行协同评价，但双师课堂的协同评价也存在一些问题。

访谈者：一般是由谁来负责对学生的学习情况进行评价？

教师：一般就是由我来对学生进行评价。

访谈者：主要对学生的哪些方面进行评价？采取什么评价方式？

教师：主要通过作业、测试等对学生的知识掌握情况进行评价。

访谈者：您是如何对两端学生进行评价的？

教师：主要还是对本地学生的评价，准备双师课堂比较费时间，教学任务也重，对远端学生的关注较少。

访谈者：在课后有没有针对远端学生的学习表现与作业完成情况和远端学校教师进行交流？

教师：有一些，主要针对课堂教学中的问题，关于学生作业完成情况，辅助教师也没有反馈，所以对这方面的了解较少。

可以看出，从评价主体来看，师评多，互评、自评少；从评价对象来看，多是评价本地学生，对远端学生的评价和关注不足；从评价内容来看，评价注重结果，忽视了过程。总之，因缺乏充分的交流，远端学校教师未能及时将本地学生的学习情况反馈给主讲教师，主讲教师难以及时了解远端学生的学习动态。我们通过对教师的访谈等了解到，引发以上问题的主要原因在于，两端教师缺乏协同评价的意识，对协同评价的重要性缺乏认识；两端教师缺乏必要的沟通，远端学校教师不能及时向主讲教师反馈远端学生的学情，主讲教师也未能重视对远端学生的评价，导致协同评价没有实质性的进展。

2. 双师缺乏协同反思

教学反思是教师在课后自我审视、总结经验、发现问题的过程，能够帮助教师发现同步课堂教学中的新问题、新现象，将教学经验理论化、系统化，提高教师对教育教学规律的认识，并利用探索出来的经验和规律进一步指导教学实践，提高教学效果。美国心理学家波斯纳认为，教师成长是经验和反思的结合，教学反思也能够促进教师教学观念的转变与专业能力的提升，从"新手教师"成长为"经验型""专家型"教师。①

双师课堂不仅旨在促进优质资源共享，提升两端教育教学质量，还在于促进两端教师协同发展。因此，"双师协同"中的协同反思尤为重要。通过协同反思，主讲教师能够深入把控两地学生学情的差异，也能够深刻理解双师课堂与传统课堂的差异，并及时发现双师课堂组织、教学中存在的问题，总结有效的教学经验与方法等。协同反思可以帮助远端学校教师及时发现自身的问题，进一步理解其作为远端学校教师的监督、配合、组织、引导等作用，通过总结主讲教师先进的教学方法和经验，帮助自己转变教学观念，提高课堂教学能力，促进自身的发展。

我们通过实地调研发现，双师课堂中大多数两端教师课后处于无交流状态，教学反思也局限于各自对本地学生学习情况的总结。例如，主讲教师 M 说："课后我们会有一个总结，但只是我们这边的老师参与，对方老师没有参与进来，对方学生吸收多少、吸收成果怎么样，实际上我是很难获得反馈的。"某远端学校教师表示："课后我们自己也会有个小总结，但不会跟那边老师讲。"可见，两端教师很少开展协同反思。关于双师协同反思不足的原因，主讲教师大多将双师课堂看作"表演性展示课"，上完课相当于完成任务，少有教师会关注实际的教学效果，尤其是远端学生的学习效果。远端学校教师则因为与主讲教师之间的距离感，不会主动与主讲教师交流、反馈学生的问题。例如，某远端学校教师 Z 说："人家都是优秀的教师，我们也不好意思和他们讲，我们跟人家是有差距的。"因此，协同反思不足成为双师协同中的一个主要问题，双师协同反思不足，不仅不利于主讲教师及时了解远端学生的学习效果，而且难以支撑对自己的教学计划做出相应的调整，最终会影响远端学生的学习效果。

3. 反思不全面、不深入

教学反思要把握好广度、深度和效度问题。随着双师课堂实践的推进，两端

---

① Posner G J. Field Experience：A Guide to Reflective Teaching[M]. London：Pearson，2009：44-68.

教师逐渐意识到协同反思的重要性，并开展协同反思活动。但是，由于协同反思能力不足，有时会出现反思不深入的问题，具体表现为以下几个方面。

1）反思内容不全面。教学反思服务于教学活动，存在于教学活动的各个环节。那么，教学反思要反思什么？国内学者认为，教学反思要从教师和学生两个方面考虑，要打破反思内容的单一性，不断对反思内容的多样性进行探索。[①]

就双师课堂而言，教学反思也应打破反思内容的单一性，由两端教师围绕教学设计、教学过程、教学效果等进行全面的反思。其中，对教学设计的反思，应围绕以下几个方面进行：①教学目标定位是否合理；②教学内容的知识量、难度选择是否恰当；③对两地学生差异的考虑是否充分；④教学活动设计是否丰富，是否有助于教学目标的达成；⑤教学评价方式设计是否合理。对教学过程的反思，主讲教师可以从自身的角度，围绕对教学时间的把控情况、与两地学生的交互情况、与远端学校教师的配合情况进行反思；从学生的角度，可以从两地学生的课堂参与度、积极性、课堂氛围等进行反思，反思远端学校教师在配合方面存在哪些不足。远端学校教师可以反思自身在组织、配合过程中的经验和不足，反思本地学生的课堂参与度、积极性、课堂氛围，以及主讲教师优秀的教学方法及在教学过程中存在的不足等。对教学效果的反思，可以结合两端课堂中学生的反馈、同事的意见和专家的评议等，对两端学生的教学目标达成情况与课堂参与情况两方面进行，并据此提出改进教学的策略和方法。此外，教学反思不仅需要反思不足和问题，也应反思亮点，以积累经验。

案例分析发现，在双师课堂的反思中，两端教师往往难以围绕以上反思点进行全面而深入的反思。例如，某教师的反思文稿显示："本节课是学习《人之初》，用动听的音乐来导入新课，学生的积极性也很高。学生因为提前预习了生字，讲起来也得心应手。在国学课上，学生经常背诵《三字经》，在划分节奏上也很轻松。尽管这样，本来除了以上几个环节，后面还有理解诗文，引出本文的重点，让学生知道环境、教学、学习的重要性，因为课中时间没有把控好，有些教学任务没有完成。本节课是同步课堂教学，作为主讲教师，一心想把课讲清楚。在整个教学过程中，始终以本地学生为主，尽管心里面想着还有远端学生，却总是无意识地忽略与远端学生的互动。在教学过程中，媒体操作不是特别熟

---

① 朱虹. 农村小学教师教学反思现状及对策研究[D]. 辽宁师范大学，2021.

练，启用黑板工具写板书时，鼠标书写很费时间，最终没有完成教学内容。对于双师课堂教学，我也是刚接触，作为主讲教师，这个转变是需要时间的，还要不断尝试，逐步适应。"以上案例反思到的内容包括"教学任务完成情况""兼顾两地学生情况""媒体操作问题"等，关于教学设计和教学效果的反思却未见涉及。同时，以上反思仅分析了教学中的问题和不足，没有对本节课的亮点进行反思。总之，以上案例中存在反思内容不够全面的问题。

2）反思深度不够。杜威认为，反思能对经验进行重构和重组，体现经验的意义，并指导后续经验的发展方向。[1]教学反思的起点是过往教学经历，本质是解决教育教学问题，最终目标是实现教师和学生的共同发展。教师与学生共同发展目标的实现，还取决于反思的深度和水平，主要表现为反思者的思考深度。范梅南指出，教学反思有三个水平，即技术合理水平、实用行动水平和批判性反思水平。[2]处于批判性反思水平阶段的教师能够站在更广泛的社会背景和伦理道德的高度审视教学问题，这充分说明了深层次反思的重要价值。[3]深度的教学反思具有三个特征；①强调批判性思维；②关注反思的系统性；③注重对反思的反思。[4]但在实践层面上，教学反思却常表现出低层次化、浅表化等问题，双师课堂的教学反思亦是如此。通过分析双师课堂反思文本可以发现，一些反思主要局限于对问题和现象的描述，缺乏深层次的原因思考和对策分析。例如，教师的反思文稿中"始终以本地学生为主""媒体操作不是特别熟练"等的描述均停留在对教学现象的描述层面，缺乏对现象产生原因的深入思考和分析，难以追溯问题的本质，更难以提出有针对性的解决对策。因此，深度不够是双师课堂教学反思存在的主要问题。

3）反思效度不高。教学反思的目的在于促进教师的专业成长和学生的不断发展。反思是否有成效，不仅要看它是否有利于促进教师的专业成长，是否有利于促进学生的发展，还要看它是否有利于课程改革的推进和教育事业的发展。也

① 约翰·杜威. 我们怎样思维·经验与教育[M]. 姜文闵，译. 北京：人民教育出版社，2005：16-18.
② Lee H J. Understanding and assessing preservice teachers' reflective thinking[J]. Teaching and Teacher Education，2005（6）：699-715.
③ 转引自蒋立兵，朱莉萍. 转化学习视域下中小学教师深度教学反思过程模型研究[J]. 教师教育学报，2021（6）：8-16.
④ 蒋立兵，朱莉萍. 转化学习视域下中小学教师深度教学反思过程模型研究[J]. 教师教育学报，2021（6）：8-16.

就是说，教学反思要讲究质量，以体现科学素养在科学、技术和社会关系整体把握上的要求。[①]但对于双师课堂的教学反思而言，并非所有两端教师都能够协同开展教学反思，多数远端学校教师不了解教学设计思路，未深入参与教学过程，对教学结果也缺乏思考和总结，难以获得成长，未能实现反思促进教师发展的目标。此外，两端教师没有对教学过程及教育结果进行深入交流，反思频率较低，少有的课后交流也多停留于形式化的沟通，专门针对教学问题的深度思考少之又少，难以从促进学生发展的角度出发调整和优化教学方案，两端学生也难以从双师课堂中获得实质性的收获。总体而言，反思促进师生发展和成长的效度不高。

4.3　技术环境存在的问题

教学环境是远程教学得以正常开展的重要支撑，需要在保障远程学习教学交互顺利发生的前提下，为学习者创造理想的教学交互情境，从而促进高质量、有效学习的发生。双师课堂包括本地课堂和远程课堂，因此需要畅通的网络环境、功能完备的远程教学系统和高性能的多媒体设备来提供技术环境保障。双师课堂的环境建设不到位，会影响双师课堂的教学效果和持续推进。当前，双师课堂环境建设问题主要表现在网络不通畅、系统功能不完善、设备配备不到位等方面。

4.3.1　网络不通畅

双师课堂要实现异地课堂之间的"多元交互"和视音频同步传输，这就对网络性能提出了更高的要求。实践中，城乡学校基本实现了"宽带网络校校通"，具备开展双师课堂的基础条件，但实践中仍然面临着网络不畅等问题和挑战。

1）以主讲学校为例，多数主讲学校由于带宽不够，难以保障双师课堂的顺

---

① 何灿华. 教学反思要把握好"三度" [J]. 上海教育科研, 2005（3）：94-95.

利开展。例如，某主讲学校校长 Z 表示："目前，最大的问题还是网络，有时候上着突然卡住了，没办法了，那边的学生只能回教室，严重影响教学。"多数教师表示："网络仍然是主要制约因素，上课过程中'网络崩溃，课堂翻车'是常有的现象。"主讲教师 W 说："没有网络支持的双师课堂犹如人走路没有穿鞋一样，寸步难行。"网络不畅带来的问题不仅会影响教学效果，还会影响师生的参与体验。例如，教师 L 说："因为网络问题，会感到心累。"可见，网络不稳定、声画延迟会导致教学过程中出现突发状况，打乱教学进度和计划，会直接影响师生对双师课堂的认同度和参与积极性，影响教师上课的情绪和心理。

2）以远端学校为例，双师课堂教学环境更为薄弱，虽然大多数远端学校铺设了教育专网，但经过分流后的网速变慢，难以满足双师课堂顺利开展的需求。例如，美术教师 Z 说："网络是对我们产生很大困扰的问题，网络时好时坏，对课程教学产生了影响。我设计好的课是 40 分钟，但是由于网络原因会卡住，课程没有完成，也许就要稍微拖延几分钟。总之，网络不好会影响我们上课的进度。"数学教师 L 说："经常出现的情况是上着上着就卡住了，两边不知道怎么办才好，很尴尬。网络是对我们的教学影响最大的一个因素，一旦网络出现故障，会很浪费时间，这也是不可避免的。还有一个问题是网络反应慢，比如，我们这边已经问完问题了，那边学生的画面两秒后才反应过来。"

总之，网络不畅通导致的双师课堂卡顿、延迟现象普遍存在，课堂经常中断，远端学校师生无法及时跟进教学内容，还会导致远端课堂纪律混乱，学生的学习兴趣降低，浪费课堂时间等。网络不畅通影响的是课堂的开展，也间接影响了远端学校教师对双师课堂的认同感和持续参与意愿。

4.3.2　系统功能不完善

双师课堂教学需要远程教学系统提供支撑。这就要求远程教学系统能够有效支持双师课堂教学互动的需求，而且要具备操作简单的特性，不会给教师增加技术操作的负担，即远程教学系统需要具备可用性和易用性等特点。目前，双师课堂远程教学系统的功能尚不完善，易用性和可用性均有待提升。

1）系统的易用性不足，主要表现为系统功能复杂、教师操作不便、技术操作负担增加。例如，有教师说道："设备使用还不是那么便捷，连接时费时间，会导致拖堂。"还有教师说道："双师课堂录播系统过于复杂，课堂操作不便，经常出现问题。"以上设备操作不便问题影响了教师的使用热情。因此，多数教师希望系统能够简单化。

2）系统可用性方面的问题，主要是指系统功能不完备，不能满足教师的教学需求。如系统不支持课件和板书同时呈现，不支持远端学生的作品展示，不利于主讲教师查看远端学生作业、了解远端班级的学习情况等。以上系统功能问题不仅难以有效支持教师教学，还会给两端师生带来负面的感情和体验。一方面，它会影响远端师生的视听效果和感受体验。例如，远端学校教师 L 说："屏幕很小，学生很难看到教师具体的表情。学生主要还是看有老师的那块小屏幕，电子白板就没起到太大的作用，很费眼睛。"远端学生希望摄像头可以跟着人动一动，这样就能看得更清楚。另一方面，它也会影响主讲教师的教学效率和效果。主讲教师 L 说："美术课要看学生的作品，但系统不支持即时投屏，只能让远端学校教师拍下来发给我，用微信投屏，这样不仅不方便，还会耽误课堂时间。"主讲教师 W 表示："现在的环境还不能够支持对远端学生的关注，因为全班学生都坐在那里，不能仔细看到每个学生的表现，所以我们更多关注的是教室里的本班学生。"

总之，双师课堂教学系统的功能尚不完善，可用性、易用性等问题显著，影响了师生对双师课堂的接纳度和参与积极性。

4.3.3 设备配备不到位

双师课堂教学系统还需要有配套的视音频传输设备支持。调研发现，两端学校的设备配置存在差异，远端学校无论是设备的数量还是质量都远不如主讲学校，这也影响了远端学生的学习效果。

1）设备数量不足，覆盖范围有限。双师课堂教学环境建设成本高，主要通过企业捐赠和学校购买等方式获得相应的经费。尽管网络设备在远端学校已基本配备，但我们通过走访发现，远端学校与主讲学校的设备资源不对等、配置不均衡，远端学校设备的数量和质量都远不如主讲学校；远端学校双师课堂教室数量有限，通常供多个班级轮流使用，这必然会制约双师课堂的覆盖范围和开课频率，影响教学效果。正如某主讲学校校长 Z 所说："目前，由于设备数量的限制，双师课堂的覆盖范围尚有限，效果还不太明显，只是搭了框架而已。"有教师表示："每个班很久才轮一次，对学生的影响不会很大。"除以上问题外，双师课堂教室缺乏课桌椅问题，也是阻碍双师课堂教学顺利开展的原因之一。

2）设备性能不高，布局不合理。双师课堂教学设备的性能、布局也会影响双师课堂的教学效果。关于设备性能，以远端学校为例，教学设备的屏幕尺寸小，音频传输设备有问题，远端学生难以获得高质量的视听效果。有远端学生反映："上课时看的电视屏幕太小了，坐在后排会看不清楚。"也有学生表示："屏幕太小，有时候，我举手想回答问题，但老师看不到我，就没有喊我。"除设备的性能之外，设备布置不合理、摄像头单机位设计、覆盖范围有限、存在视觉盲区，会导致远端学生看不到完整的主讲教师画面，或主讲教师学看不到全部的远端学生画面，影响学生的上课效果，也会影响教师对远端学生课堂表现的关注。例如，主讲教师 W 表示："远端屏幕在身后，要看到对面的孩子，还需要扭过头去，既浪费时间，又不方便。"此外，双师课堂开展过程中大量时间需要应用电子白板、电视等显示设备，这些设备使用的材料质量良莠不齐，可能会对学生产生负面影响。使用质量不达标的电子设备，会对学生的视力产生不良影响。如某主讲学校校长 Z 说道："我有很大的担忧，以前教师是四处走动的，学生的目光随着教师改变，而现在孩子们经常盯着那块小小的屏幕，对学生视力可能会造成伤害。去年体检，我们的孩子轻度近视率达到了 59.7%，中度近视率达到了 22%，重度近视率达到了 18%。"以上问题会影响学生的视听觉感知效果，进而对学生的课堂参与和教学效果产生不利影响。由此可见，课堂环境建设的各种问题对双师课堂的顺利推进有很大的制约，主要表现在同步课堂网络速度慢、延迟、卡顿、硬件设备不易操作、设备无法覆盖全体学生；对教学的影响主要表现在主讲教师无法对教学进度及时跟进、课堂互动效果不佳、远端学生的课堂学习气氛不浓、学生的学习兴趣降低。

总体来看，双师课堂教学环境存在的问题，对教师教学、师生体验乃至学生的身心健康都产生了负面影响。网络掉线、卡顿、延迟，视频不清晰、声音不清楚，是双师课堂在技术层面面临的主要问题。网络通而不畅，会影响课堂教学进度，浪费宝贵的课堂教学时间，还会影响两端师生上课的情绪和状态，以及师生参与双师课堂的积极性和热情。另外，远端学校教室呈现主讲教师的屏幕太小，摄像头不能覆盖全体学生，教室缺乏配套的课桌椅等相关设备问题，会损害学生的视力、影响身心健康和双师课堂的顺利开展。因此，如何在开展双师课堂的同时，保护学生的健康，是相关人员需要密切关注和研究的问题。要取得好的教学效果，教学环境建设、性能提升、设备配备等方面都需要得到保障。

第 5 章

双师课堂实践的影响因素

　　基于对双师课堂实践困境的分析，我们提炼了影响双师课堂有效实施的关键因素，包括能力、实践动力、组织保障、运行机制和技术环境等方面。其中，能力包括两端教师的教学设计组织实施等能力、管理者的领导力、教研人员的指导力和技术人员的支持力。实践动力包括主讲学校的参与积极性、薄弱学校的发展主动性和教育主管部门的重视程度。组织保障包括领导团队、教学团队、技术支持团队和教学指导团队等。运行机制包括动力激发机制、教师培训机制、互利共赢机制和统筹协调机制等。技术环境指网络和远程教学系统。

5.1　能　力　因　素

双师课堂是由多方主体协同的系统工程，不仅涉及区域层面的组织管理、学校层面的通力协作，还涉及课堂层面的双师协同。每一个层面、每一个环节都决定了双师课堂教学能否顺利实施和有效推进。其中涉及的各级利益相关者的能力，成为制约双师课堂实践的关键因素，具体包括两端学校教师的能力、管理者的领导力、教研人员的指导力、技术人员的支持力等。

5.1.1　两端学校教师的能力

1. 教师双师课堂教学能力框架

双师课堂本质上为"双师协同"，两端教师在课前、课中、课后等不同环节均有各自的职责分工，如表 5-1 所示。课前，双师要进行沟通，共同分析学情差异、确定教学目标、设计教学活动、准备教学资源等。课中，双师要进行协作，共同组织教学活动，进行课堂管理等。课后，双师要及时交流，开展教学反思与评价等。

表 5-1　双师课堂两端教师的职责分工

关键流程	主讲教师	远端学校教师
课前协同备课	1. 与远端学校教师沟通，了解远端学校的教学环境和远端学生的学情，充分考虑两端学情的差异，以确定教学内容	1. 帮助主讲教师了解远端学生的学情和当地的教学环境（包括学生人数、软硬件设施、教学资源等），与主讲教师共同分析教学内容
	2. 设计教学目标（包括知识与技能目标、过程与方法目标、情感态度与价值观目标），更加注重对远端学生自信心的培养	2. 确定教学目标
	3. 设计教学活动，尤其是加强生、生之间交互的活动，如提问、表扬、讨论、小组合作、成果展示、分享交流等，并形成教学方案	3. 协同设计教学活动，形成教学方案，并熟悉整个教学流程

续表

关键流程	主讲教师	远端学校教师
课前协同备课	4. 准备教学资源，并将教学资源共享给远端学校教师	4. 准备（接收）教学资源或教具
	5. 布置课前学习任务	5. 明确并下发课前学习任务，监督学生完成课前任务
	6. 与远端学校教师沟通课上的协助任务等	6. 明确课堂辅助任务，如小组讨论时进行指导、课堂测验时进行辅助等
课中协同教学	1. 组织教学活动	1. 组织教学活动，扮演好组织者、引导者、管理者、帮助者、指导者等多重角色，并进行必要的知识讲授
	2. 注重本地、异地师生、生生之间的交互，可以通过提问、表扬、讨论等方式进行	2. 观察本地学生，鼓励学生积极互动，配合主讲教师与本地学生开展互动
	3. 机智地处理教学过程中因技术引发的问题，如延迟等待时本地学生的焦躁情绪等	3. 能够处理简单的网络设备故障，并维持本地学生的课堂纪律
	4. 巧用语言弥补技术的不足，如用语言提醒注意力不集中的学生等	4. 与主讲教师沟通、交流，反馈本地学生的学习情况等
课后协同评价反思	1. 分析两端学生的学习效果，收集问题、分析原因、制定对策	1. 对学生的学习效果进行测评，将测评结果及时反馈给主讲教师，并分析其中存在的问题及原因等
	2. 开展协同反思，发现自身的不足，改正自己的教学计划和教学策略	2. 与主讲教师协同反思，发现教学过程中存在的问题，分析原因，并制定对策

双师课堂作为一种新型教学方式，在对两端教师职责分工有新要求的同时，也对两端教师的能力和素质提出了更高的要求。我们结合双师课堂实践中存在的问题，以及双师协同教学的本质特征，构建了两端教师开展双师课堂的能力和素质框架，具体包括以下几个方面。

（1）意识与态度

意识与态度是教师参与双师课堂的内在动力。雷励华和左明章[1]、丁俊峰[2]认为，两端教师要具备较强的责任心和实践意愿，具有现代教学理念和改革意识。因此，意识与态度应包括教师参与实践的意愿，以及教师的教育思想和观念。实

---

[1] 雷励华，左明章. 面向农村教学点的同步互动混合课堂教学模式研究[J]. 电化教育研究，2015（11）：38-43.

[2] 丁俊峰. 基于远程同步课堂的信息化教学研究——以扶沟县县直高级中学为例[J]. 中国教育学刊，2016（S1）：13-14，18.

践意愿是指教师应积极主动参与双师课堂教学。思想和观念则是指两端教师的协同意识和职责分工。其中，协同意识是指两端教师需要具备协同备课、协同教学、协同评价反思的意识，职责分工是指两端教师需要明确自身在课前、课中、课后不同阶段的角色和任务。以上关于意识与态度的具体内容，是基于双师课堂实践中两端教师意愿不强、协同意识缺乏、职责分工不明、沟通少、远端学校教师难配合等问题提出的。

（2）协同备课

协同备课是双师课堂教学顺利实施和目标达成的关键，主要指两端教师的课前沟通和规划准备，主要包括：协同设计能力、资源制作能力、突发预见能力、课程设计能力等。雷励华和左明章①、冉新义②、王成端和顾玉林③、丁俊峰④、杨俊锋等⑤均强调了协同设计和资源制作能力的重要性。鉴于双师课堂实践中教学内容太多，教学任务难完成；教学内容太难，远端学生难同步；教学内容不适合，双师课堂难开展；活动组织难兼顾两端学生，教学效果难保证；课后双师无交流，教学效果不明确等问题，协同设计能力具体应包括学情差异分析、内容选择、活动设计和评价设计能力。资源制作能力是指主讲教师要能够选择、加工和制作同步课堂所需的教学资源，远端学校教师侧重资源准备的能力，即能够按照教学要求，配合主讲教师为本地学生准备上课所需资源。考虑到双师课堂课中突发状况频现，协同备课能力中还应包括突发预见能力，即课前两端教师需要协同预见突发状况，并制定应对措施。此外，针对当前实践中教学内容不必要或不适合同步课堂的问题，我们认为主讲教师应具备同步课堂的课程设计能力，能够对原有课程内容进行宏观把控和统筹规划，精心挑选内容主题，构建同步课堂课程体系。

---

①　雷励华，左明章. 面向农村教学点的同步互动混合课堂教学模式研究[J]. 电化教育研究，2015（11）：38-43.

②　冉新义. 农村小规模学校"互联网+同步课堂"教学模式研究[J]. 教育探索，2016（11）：35-39.

③　王成端，顾玉林. 同步课堂教学模式探讨[J]. 西南科技大学学报（哲学社会科学版），2006（2）：97-100.

④　丁俊峰. 基于远程同步课堂的信息化教学研究——以扶沟县县直高级中学为例[J]. 中国教育学刊，2016（S1）：13-14，18.

⑤　杨俊锋，崔丽霞，吴滕等. 混合同步网络课堂有效性的实证研究[J]. 电化教育研究，2018（12）：50-56，77.

总体来看，协同备课能力包括协同设计能力、资源制作能力、突发预见能力和课程设计能力。前三种能力面向两端教师，但会因职责差异而各有侧重，课程设计能力只面向主讲教师。

（3）协同教学

协同教学是双师课堂的核心环节，其有效性会直接影响学生的课堂参与度、存在感和学习效果。主讲教师是双师课堂的主导者，参照冉新义、杨俊锋等关于主讲教师应掌握互动教学策略、促进有效课堂互动的能力要求，本书将互动教学能力作为主讲教师协同教学的首要能力，因为双师课堂中主讲教师的互动对象包括两端学生和远端学校教师。结合课例中两端教师沟通少，主讲教师不了解远端学生学习情况，难以有效调动学生的积极性，课中突发问题难以有效应对等常见问题，互动教学能力又可以分为面向两端学生的组织互动能力、面向远端学校教师的实时沟通能力和面向课中突发状况的突发应对能力。为了避免主讲教师顾此失彼，不能兼顾远端学生，主讲教师还需要具备管理调控能力，通过动力激发来营造良好的课堂氛围，通过实时调控来动态调整教学进度，满足学生的学习需求。为了促进异地师生的情感交流与认知互动，主讲教师还需要具备反馈指导能力，根据远端学生的课堂表现及时提供反馈和指导。主讲教师的协同教学能力包括互动教学能力、管理调控能力、反馈指导能力。其中，互动教学能力又分为互动组织能力、实时沟通能力和突发应对能力；管理调控能力又分为动力激发能力和实时调控能力。

远端学校教师是同双师课堂协同教学的主体之一，是课堂的辅助者和管理者，负责组织、管理、协调工作。课例中的双师缺乏必要沟通、远端学校教师不能有效组织管理课堂导致学生的课堂参与积极性不足等问题，要求远端学校教师具备一定的组织管理能力。具体包括以下几个方面：①与主讲教师积极交流教学信息和学生学习情况的实时沟通能力；②配合主讲教师管理课堂，并及时提供反馈信息，帮助主讲教师了解教学和学生学习情况的辅助配合能力；③配合主讲教师处理各种意外事件的突发应对能力；④对本地学生督促协调、提供及时反馈、帮助查漏补缺的管理调控能力。协同教学目的在于促进两端学生成长，而学生的课堂参与度会直接影响学习效果。双师课堂主讲教师与远端学生分处两地，制约了异地师生认知与情感的深层互动，从而影响了学生的课堂临场感。远端学校教师需要发挥近地优势，关注本班学生的学习动态，通过启发引导和激励反馈，调动学生认知、行为、情感的全方位参与，激发学生的课堂存在感，增强自信心。因此，远端学校教师的启发引导能力和反馈激励能力就显得非常重要。雷励华和左明章[1]、丁俊峰[2]、管佳[3]等学者的研究均印证了以上观点。丁俊峰指出，远端学校教师要引导学生积极回答主讲教师提出的问题，促进课堂中各类交互的发生。[4]访谈中，主讲教师也希望远端学校教师参与组织课堂，为学生提供指导反馈，弥补异地交互的不足。综上所述，远端学校教师的协同教学能力包括组织管理能力、启发引导能力、反馈激励能力，其中组织管理能力又包括实时沟通能力、辅助配合能力、突发状况应对能力和管理调控能力。

（4）协同评价反思

要全面把握双师课堂教学效果和目标达成情况，离不开两端教师课后的协同评价与反思。课后及时交流反思和进行问题反馈，不仅便于主讲教师及时调整教学方案，还有助于远端学校教师有针对性地进行课后巩固。然而，当前两端教师因缺乏评价反思意识，未掌握协同评价与反思的方法，导致协同评价反思或缺乏，或形式化、浅层化，难以对同步课堂教学起到实质性的推动作用。因此，协同评价反思能力也应成为两端教师的必备能力。

（5）技术环境应用

在信息化环境开展教学，技术素养必不可少。雷励华和左明章指出，主讲教师要能够熟练操作多媒体设备，并善于制作课件。[5]王成端和顾玉林指出，远端学校教师要熟悉计算机等现代化教学设备的基本操作[6]，对两端教师的技术操作

---

① 雷励华，左明章. 面向农村教学点的同步互动混合课堂教学模式研究[J]. 电化教育研究，2015（11）：38-43.

② 丁俊峰. 基于远程同步课堂的信息化教学研究——以扶沟县县直高级中学为例[J]. 中国教育学刊，2016（S1）：13-14，18.

③ 管佳. 信息技术助力下的区域义务教育优质均衡发展——以章贡区的探索与实践为例[J]. 中国电化教育，2020（7）：125-130.

④ 丁俊峰. 基于远程同步课堂的信息化教学研究——以扶沟县县直高级中学为例[J]. 中国教育学刊，2016（S1）：13-14，18.

⑤ 雷励华，左明章. 面向农村教学点的同步互动混合课堂教学模式研究[J]. 电化教育研究，2015（11）：38-43.

⑥ 王成端，顾玉林. 同步课堂教学模式探讨[J]. 西南科技大学学报（哲学社会科学版），2006（2）：97-100.

能力提出了相应的要求。笔者认为两端教师均需要熟练操作双师课堂教学设备，主讲教师还应利用双师课堂教学环境的教学支持功能，实现教学的创新应用。

2. 教师双师课堂教学能力发展阶段

教师开展双师课堂教学的能力和素质是影响双师课堂教学效果的主要因素，因此需要提升教师的双师课堂教学能力。但是，人的能力的提升不是一蹴而就的，尤其是两端教师双师课堂教学能力的提升需要经历一个复杂的动态过程。由于两端教师的角色不同，其双师课堂教学能力提升经历的阶段存在差异，且不同阶段的具体特征也不相同。下面分别对两端教师双师课堂教学能力提升经历的发展阶段及具体特征进行阐述。

（1）远端学校教师双师课堂教学能力发展四阶段

远端学校教师双师课堂教学能力的发展经历了"迷茫期""边缘配合期""中心协同期""自主教学胜任期"四个阶段，如图 5-1 所示。

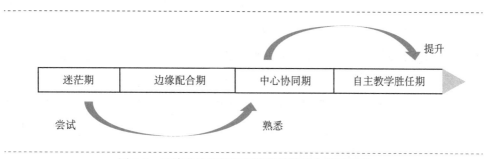

图 5-1　远端学校教师双师课堂教学能力发展历程

1）迷茫期。接触双师课堂初期，远端学校教师对双师课堂的本质认识不清、价值认同不高、教学能力不足。在该阶段，远端学校教师的发展特征如下。

第一，认识不清。由于该阶段尚未进行实践，远端学校教师对双师课堂的内涵、意义、价值缺乏认识，对自身的角色定位和职责分工不明确，对双师课堂促进乡村教育发展的作用缺乏体验，对双师课堂促进教育均衡的价值缺乏认同。例如，某远端学校教师 F 说："我觉得双师课堂可能对教师上课会有帮助吧，但两个班一起上课，学生人数多、差距大，起初会担心我们的学生跟不上、学不好。"总体来看，该阶段远端学校教师对双师课堂的认识停留于"自我想象"层面，对双师课堂的价值缺乏实质性的认同。

第二，意愿不强。该阶段，有的教师将双师课堂看作"学习机会"而对其充满期待，有的将其看作"上级任务"而缺乏热情，大多数教师会感到担忧，不看好这一新生事物。很多教师是迫于上级的安排而被动参与，主动意愿不强，外部行政干预成为该阶段的主要推动力量。

第三，需求不明。该阶段，远端学校教师对自身的任务和职责不明确，难以提出明确的帮助需求。总体而言，正式实践前的这个阶段是教师动员的关键期，主要目的是为促进双师课堂实践的持续发展打好基础。但教师处于认识不足—动力不强—实践推动难的三角循环之中，阻碍了双师课堂实践和教师的发展。帮助远端学校教师摆脱迷茫、增进认识，是该阶段破解困境的关键。因此，加强组织动员，通过开展案例引领式培训，使远端学校教师加强体验感知、增进认识、增强认同、激发内驱力，成为该阶段组织双师课堂教学的重点。

2）边缘配合期。该阶段，远端学校教师通过双师课堂实践对双师课堂的"双师协同"本质有了初步认识，能够通过边缘性参与与主讲教师进行简单的配合。在该阶段，远端学校教师的发展特征如下。

第一，初具意识，但能力不强。课堂是教师成长的主阵地，实践是教师发展的生长点。教师基于双师课堂的发展，是以双师课堂教学实践为载体的。经过一段时间，远端学校教师对双师课堂的感知由前期的"自我想象"进入"实践体验"阶段。随着体验与反思的逐步深入，远端学校教师对双师课堂的认识发生了变化，不仅具备了协同与交互的意识，而且对双师课堂的价值有了新的认识。例如，某远端学校教师 L 说道："双师课堂能解决我们面临的因教师缺乏而开不齐课的问题，还能让我们的学生接触到优质的资源，我们也能学习到好的教学方法。"然而，远端学校教师的双师课堂教学能力仍存在不足，如技术操作不熟练、"双师协同"方法未掌握、课中协同教学参与深度不够、课堂地位边缘化等。例如，某远端学校教师说："我们主要承担一些调试设备、点名提问、传递话筒等辅助性工作"。

第二，体验不佳，认同度不高，意愿不强。该阶段，两端学校教师是"摸着石头过河"，教学问题频现，效果不理想，教师体验不佳。例如，远端学校教师 L 说："上课时，都不知道站在哪里好，很尴尬，教学效果不好，浪费时间。"因此，即使部分教师对双师课堂的资源共享价值有了初步的认同，但整体认同感仍不高，教师的参与意愿不强，还需要依赖外部推力的推动。

第三，对双师课堂的效果改善提出诉求。该阶段，远端学校教师意识到了技术环境、专家指导、教师能力对教学效果的影响，提出通过优化环境、组织培训、提高教师能力等改善教学效果的诉求。总之，该阶段远端学校教师的双师课堂教学能力、动力均不足，实践面临的困难较大，需要进一步加强组织领导、优化技术环境、加强培训指导、提升教师能力，以此来保障实践的顺利开展和教学效果的提升。

3）中心协同期。该阶段，远端学校教师对双师课堂的内涵、本质的认识更加深刻，掌握了相应的教学方法，能够深度参与协同教学。在该阶段，远端学校教师的发展特征如下。

第一，认识深化，能力提升。远端学校教师在实践推进中不断积累教学经验，对双师课堂协同与交互的本质的认识日趋深刻。例如，明确了自身的协同主体地位，掌握了协同与交互的方法，在实践中能够参与到"备、授、评"全过程中，课堂地位中心化、协同教学、技术操作、学科教学等方面的能力得到了全面提升。例如，某远端学校教师 W 说："无论是对思想的冲击还是对教学方法的帮助方面，双师课堂的作用都比较大……我们不是看客，不是被动迎合，而是要积极主动地提要求和想法，并提供协助。"

第二，体验改善，认同增强，动力得到激发。双师协同的深入，促进了教学效果的改善和远端学校师生的成长，远端学校教师获得了积极体验，对双师课堂的价值认同感增强。例如，某远端学校教师 L 说："城市的孩子给农村学生树立了好的示范，学生上课的积极性高了，表现欲望强了，无论是在学习还是荣誉感激发方面都产生了积极影响。"由此可见，远端学校教师开始认可双师课堂在促进远端学生成长方面的价值。该阶段，远端学校教师的参与意愿增强，动力得到激发，除少数即将退休的教师之外，大多数教师表示愿意继续参与双师课堂。

第三，对双师课堂促进自身发展方面提出诉求。该阶段，远端学校教师对双师课堂提出了更高的要求。例如，某远端学校教师 W 说道："从长远来看，双师课堂能够帮助教师成长才是更关键的。要帮我们成长，主讲教师得让我们信服，要提供一些让我们觉得新颖的教学模式和方法，教学主题应按照我们的需求来设定，要让我们觉得有收获才行。"可见，该阶段远端学校教师开始关注自身的收获和成长，尤其希望习得先进的教学方法和策略。基于以上特征可以发现，该阶段的双师课堂组织，一方面要保障主讲教师的示范性，即应遴选能力强的优秀教师作为主讲教师；另一方面，要组建高水平的指导团队，为教师提供有针对性的指导。

4）自主教学胜任期。该阶段，远端学校教师的专业能力不断提升，能够胜任自主教学，并尝试对教学进行创新。在这一阶段，远端学校教师的发展特征如下。

第一，具有自主教学的胜任能力。乡村教师是支撑乡村教育可持续发展的关键力量，双师课堂中远端学校教师的能力发展是双师课堂实践的根本目标。经过前期实践，在观摩示范、实践体验、交流研讨的过程中，远端学校教师的思想、认识、知识、能力、情感等得到了发展，能够胜任自主教学，促进教学效果改善和教学质量提升。例如，某远端学校教师 Z 说："我现在也尝试用小视频教学生画画，以及组织游戏、竞赛等活动。"

第二，价值认同理性，动力增强。随着远端学校教师不断获得成长、积极体验增强，其对双师课堂的价值认同趋于理性，实践意愿更强，实践内驱力得以激发。例如，某远端学校教师 L 说："如果能够获得专业提升，我自然愿意继续参加双师课堂。"

第三，持续关注自身成长。该阶段，远端学校教师仍然关注自身的成长，对更高水平的教师引领、适切性教学主题选择、新颖性组织形式等均提出了更高的要求。

（2）主讲教师双师课堂教学能力发展四阶段

主讲教师双师课堂教学能力发展经历了"迷茫期""主控期""协同期""提升期"四个阶段，如图 5-2 所示。

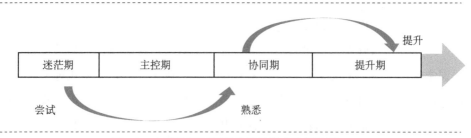

图 5-2 主讲教师双师课堂教学能力发展历程

1）迷茫期。该阶段，主讲教师尚未正式开始实践，对双师课堂的认识不清、能力不足、认同感不高、心存畏难情绪。在这一阶段，主讲教师的发展特征如下。

第一，认识不清，认同感不高。双师课堂实践前期，主讲教师缺乏实践体验，未得到专业的培训和指导，对双师课堂的内涵、本质、价值等认识不清，如不知道如何备课、如何协同教学、如何兼顾学生，对教学效果缺乏信心。另外，主讲教师对双师课堂的价值认同感也不高，如某主讲学校主任 W 说："因为起初无法预料效果，总担心自己不能适应，会耽误人家孩子。"

第二，意愿出现分歧，内驱力不足。面对全新的课堂教学形式，多数教师会感到既好奇又畏难，意愿存在分歧，一些期望信息化教学能力提升的教师愿意尝试，一些对新事物持怀疑心理的教师则抵触。整体上而言，主讲教师在心理上尚未完全接纳双师课堂，内驱力不足。

第三，期望尽快熟悉和适应双师课堂。尽管尚未接纳，但面对即将到来的实践考验，主讲教师还是希望能够尽快了解、熟悉双师课堂，提升相关能力。多数教师希望参加培训、观摩优秀课例、向有经验的教师学习。因此，组建教学指导团队、开展相关培训、帮助主讲教师深化认识和提升能力，是该阶段的主要任务。

2）主控期。该阶段，主讲教师开始进行实践探索，逐步积累经验，对双师课堂有了初步认识，但尚未掌握系统的方法，课堂教学中主控课堂、与远端学校教师的协同不足。在这一阶段，主讲教师的发展特征如下。

第一，具有初步认识，价值认同感仍不高，双师协同不足。经过一段时间的实践与反思，主讲教师开始意识到协同与交互的重要性，但尚未掌握系统的方法，在教学中仍占据主导地位，独控课堂，与远端学校教师的协同不足。该阶段，虽然主讲教师对技术环境操作仍不熟练，但信息化教学能力有了一定程度的提升。其对双师课堂的价值认同有所变化，但由于教学效果尚不理想，价值认同感整体不高，尤其是不认同双师课堂对本地学生成长的价值。例如，主讲教师 M 说："远端学校受益比较多，开阔了学生的眼界，对自己的在线教学、差异化教学能力提升也有帮助，但对本地学生的帮助不大，甚至会影响教学进度。"

第二，内驱力不足，依赖外力推动。该阶段，双师课堂处于尝试摸索时期，加之技术环境不完善，主讲教师任务重、压力大、屡屡受挫，体验不佳，其参与意愿不强、动力不足，主要依赖外力推动。例如，主讲教师 C 说："最难的那段时间坚持下来了，一方面，学校校长重视，学科组、教导处主任也重视；另一方面，英语组的同事也支持我磨课，缓解了我的压力。"

第三，期望技术环境优化，促进自身能力提升。鉴于网络不畅、操作复杂、能力不足、效果不好等消极体验，多数主讲教师提出了优化技术环境、提供教学指导、保障教学顺利进行的需求。

3）协同期。该阶段，主讲教师熟悉双师课堂之后，认识更深刻、经验更丰富，掌握了双师课堂实践的基本方法，能够有效协同，教学效果得以改善。在这一阶段，主讲教师的发展特征如下。

第一，双师协同和多元交互能力提升。该阶段，主讲教师在理解双师课堂协同与交互本质的基础上，明确了双师的职责，掌握了协同与交互的方法。在教学中，主讲教师能够与远端学校教师深度协同，兼顾两端学生，协同教学能力和技术操作能力都有所提升。主讲教师 Y 说："双师是一体的，要做到课前协同备课、课中协同教学、课后协同反思，我们也开始尝试这么做，这时候也会通过多种办法来照顾两端的学生。"

第二，认同感提升，但意愿存在分歧。随着主讲教师能力的提升和双师协同的不断深入，双师课堂的教学效果得以改善，主讲教师的压力减轻、成就感增强，对双师课堂价值的认同感得以提升，开始认可双师课堂在两端学生成长中的价值。例如，某主讲学校主任 W 说："在双师课堂中，两端学生从对方教师和学生身上获得的认知和感受胜过了知识，这对学生的成长更有用。"然而，随着教学形式适应方面的困难降低，主讲教师开始关注"自身的收获"，获得感强的教师持续参与意愿强，如主讲教师 L 说："自己获得成长，得到认可，感觉坚持下来值得，愿意持续。"获得感不强的教师则意愿不强，消极被动，如主讲教师 M 说："感觉我们是单向付出，没有回报，教师的积极性不高。"

第三，期望完善激励机制，促进自身发展。主讲教师关注的"自身收获"不仅包括专业成长，还包括职位晋升等。多数主讲教师希望能够完善激励机制，在职称评审、待遇提升、评奖评优等方面受益。如主讲教师 M 说："要让教师觉得双师课堂是个香饽饽，才能保证他们持续参与。"可见，建立与完善保障主讲教师获得感的激励机制，是该阶段双师课堂组织实践的关键。

4）提升期。该阶段，主讲教师熟悉了双师课堂之后，开始关注教学模式创新和教育质量提升，并进行实践探索，即主讲教师对双师课堂的关注由外在新颖的形式关注转移到内在教育创新的本质关注。该阶段，主讲教师的发展特征如下。

第一，对双师课堂创新教学模式进行探索。主讲教师经过前期对双师课堂的熟悉和适应，逐渐回归到教育教学的本质，结合学科特点思考并探索面向全体学生全面发展的创新教学实践，并涌现了诸如"同步大单元""同步翻转课堂""同步探究"等多种教学形式，但主讲教师的创新教学能力尚不足，创新教学效果尚不理想。

第二，对双师课堂价值的认同感高，内驱力强。进入该阶段的主讲教师对双师课堂教学的追求由"适应"向"创新"进阶，虽然教学再度面临挑战，但对双师课堂的价值认同并未受到影响，仍然具有较强的内驱力。如主讲教师 W 说："起初接触双师课堂，我内心其实是不接受的，虽然和之前一样，又需要进行新的探索，但现在我们有一定的基础，而且我们内心是完全认同的。"

第三，期望通过高水平引领，促进自身能力的快速提升。鉴于创新教学面临的困难和挑战，多数主讲教师提出了获得高水平专家引领的需求，以期进一步提升教学能力。以上分析表明，组建高水平的教学指导团队，提供持续性的支持服务，是该阶段双师课堂组织的重点。以上阶段特征反映了教师双师课堂教学能力提升的过程和规律，也表现出了教师发展的动态特征和复杂性。然而，这也成为制约双师课堂发展的关键因素。

5.1.2　管理者的领导力

双师课堂是一项复杂的系统工程，需要多方协作，同时也是"一把手工程"，需要各级教育部门管理者高度重视。双师课堂的实践推进和实施效果依赖管理者的领导力，而且会受到区域教育主管部门管理者领导力和学校管理者领导力的影响。

从教育主管部门管理者领导力来看，双师课堂涉及双校合作，合作校的遴选、合作校之间的对接、双师课堂教学环境的建设、双师课堂的可持续推进等，均依赖上级教育主管部门的顶层设计和统筹安排。

1）上级教育主管部门对双师课堂的认识深度。调研发现，部分区域的教育主管部门的一把手是从卫生、文卫等部门调来的，不懂教育，对双师课堂的了解更是不多，因此难以给予双师课堂足够的重视和科学的领导，而双师课堂开展较好的区域的教育局局长则对教育信息化更加了解。

2）上级教育主管部门对双师课堂的认可程度。有些区域管理者不认可双师课堂，认为是耽误时间，不能投入足够的力量来推进和开展。某教育局局长说："我们投入这么多经费来建双师课堂环境，花费这么长时间来适应，还不如直接引进一些教师来解决问题。"

3）上级教育主管部门的支持力度。管理者的认识深刻，就会提供经费、人员等方面的支持。双师课堂实施较好的区域主要得益于上级教育主管部门、省教培院、省电教馆，以及市、区教研部门领导与相关人员的关怀和指导，否则难以得到足够重视。例如，一些市县的教研、电教部门，包括行政部门的重视程度不太够，双师课堂很难被作为一个重点项目来推进，这方面还是存在一定问题的。综上所述，双师课堂实施面临诸多挑战，如果得不到上级领导的重视和支持，很难有效开展。

从学校管理者领导力来看，双师课堂的实施会受到学校校长的认识深度、认可程度、重视程度和支持力度的影响。

1）双师课堂作为一种新生事物，在实施过程中，必然会面临诸多问题和挑战。管理者的认识深刻，就能够采取智慧的决策和进行灵活的管理，这也取决于管理者的实践魄力和解决问题的智慧。

2）只有得到校长的认可，教师才能有较强的意愿和动力。尤其是薄弱学校，必须具有主动发展的意愿和能力，因为能借着双师课堂的"东风"，切实从共享的优质教育教学资源或平台中受益，促进学校的发展。因此，学校校长要能够接纳并认可双师课堂等新型教学组织形式。

3）校长要高度重视双师课堂，这样才能提供有效支持，这也会影响教师的参与动力和热情。调研中，有教师反映："我们校长特别重视双师课堂，每次都亲自听课，校长尚且如此，我们教师能不积极吗？"

4）校长给予高度支持，才能保障双师课堂的持续开展。在一些学校，在技术人员短缺的情况下，校长主动承担起技术支持的重任。访谈中，多数教师表示："校长真的很负责，非常重视双师课堂，最开始就主动提出要开展双师课堂实践，而且每次都参与听课，要求学科教师都去听课。遇到技术问题，校长来解决，或者联系技术人员解决"。某远端学校教师 Z 表示："校长非常重视这件事，每次他都会去听，还让所有教师去听。"访谈发现，校长的重视主要出于其浓厚的教育情怀和高度的责任心。还有一些校长重视教师发展，在师资短缺的情况下，支持教师参加培训，积极为教师创造发展的机会，支持没有编制的年轻教师考到更好的学校进行发展，通过为教师提供外出学习机会，制定相关激励政策等举措，激发教师的参与热情。当然，也有部分学校校长的支持力度不够，双师课堂实施的困难重重，有的甚至中途停止。

总之，从双师课堂实践效果来看，有积极主动、领导力强的管理者的学校，实施效果较好，教师获得了更大发展，学生的成绩也获得了提高。

5.1.3　教研人员的指导力

教研是促进教师专业发展的主要途径，可以通过教师个体的自我反思、教师之间的协作互助、专家的示范引领等方式开展教研活动，促进教师专业发展。教研员是教研活动的主要组织者或参与者，是一线教师的零距离教学专家，是教师专业发展的助推者，能够为教师提供指导，在教师专业发展中扮演着重要角色。在双师课堂实践中，双师协同涉及集体备课、协同教学等多方面。两端学校教师的教学能力不足，面临诸多困难，这就需要教研人员的参与和指导。教研人员的参与本身就是对一线教师的极大支持，能够帮助教师消除"孤军奋战"的无力感。

在双师课堂实践初期，教研人员虽参与其中，但由于其本身缺乏实践经验，对双师课堂的认识不足，能够为教师提供的指导有限，在双师课堂实践中未能发挥积极的促进作用。例如，教师 W 说："感觉他们（教研员）还不如我们一线教师清楚，其实都是我们在实践，他们再来总结。"某区域工作总结中写道："教研员的专业支持不充分是制约双师课堂实践的一个主要问题。双师课堂缺乏一支既精通教育教学业务又掌握信息化知识的专家队伍，无法深入课堂一线具体指导教学改进。各市县对教研的支持都比较乏力，市县教研部门不能较好地指导教师提升双师课堂教学水平。"

随着双师课堂探索的不断深入，教研人员通过定期组织研讨、参与实践、研讨对策等，对双师课堂的认识进一步深化，指导能力也随之提升，对教师成长的引领作用和对教学实践的指导作用逐渐凸显，也得到了一线教师的认可。某远端学校教师 W 说："教研人员见的东西比我们多，能力也比我们强，我们跟着他们学到的东西更多一些。"还有教师说："我们就是跟着省里的专家走，如果单独作战，现在可能还是比较难。"

总之，在双师课堂实践中，教研人员是双师课堂实践中不可或缺的重要角色，教研人员的指导能力对双师课堂实践有重要影响。

5.1.4 技术人员的支持力

双师课堂技术环境建设、技术设备运维、教师技术应用能力的提升，都离不开专业技术人员的支持，因此双师课堂实践一个重要的支持队伍就是技术支持服务团队。技术人员的支持力成为影响双师课堂教学的一个主要因素，表现为支持的效率、支持的效果等。

技术人员的支持服务及时、到位，是双师课堂顺利开展的基本保障。双师课堂实践依托技术环境进行，任何网络、设备的故障都会制约双师课堂的教学进程，导致双师课堂实践停滞，影响双师课堂的常态化开展。调研中，有教师说道："我们最担心的是设备坏掉，一旦设备坏了，课就停了，要等设备好了才能再开始，这就很难保障双师课堂实践的常态化开展。"因此，技术人员能不能及时提供帮助、解决故障就显得尤为重要。然而，双师课堂的技术人员短缺导致技术支持力不足，是双师课堂实践过程中出现的主要问题。双师课堂实践的技术人员主要由当地电教部门工作人员、相关企业的技术人员、学校的信息技术教师等组成。然而，电教人员有限，企业的技术人员存在服务期限，信息技术教师的能力有待提升，因此技术支持团队的技术支持力有限，难以保证提供及时、高效的技术服务。

技术人员的支持服务不全面，是制约支持效果的主要因素。技术人员提供的支持服务不仅包括环境的建设、设备的运行维护等，还应包括对教师等人员的技术培训。只有帮助教师尽快熟悉设备功能，提升设备操作能力和水平，掌握常见技术故障的应对措施，才能够提高技术问题的解决效率，减少因技术故障导致的实践停滞。然而，在双师课堂实践过程中，技术团队在教师能力提升培训方面提供的支持尚不足，制约了双师课堂的实践效率和效果。

5.2　实　践　动　力

动力是推动双师课堂持续开展的主要保障。双师课堂的参与主体包括两端学校及区域教育主管部门。因此，各方主体的参与动力都是影响双师课堂实践的主要因素。

5.2.1　主讲学校的参与积极性

主讲学校是同步课堂优质教育资源的主要输出端，其是否具有主动性，直接决定了同步课堂能否顺利实施和能否高效开展。正如某区域教育局局长所说："实施双师课堂，需要两边学校都积极才行。"实践表明，主讲学校积极，则双师课堂的推进顺利。主讲学校积极体现在学校各级领导对双师课堂的接纳、支持和相应组织等方面。例如，我们通过访谈了解到，一些主讲学校的领导高度认同双师课堂对本校师生成长的价值，无论是校长还是负责研训和技术的负责人，都对双师课堂持认可态度，重视双师课堂教学，接到上级通知后，立即响应，并成立了相关领导小组，保证双师课堂教学的顺利开展。某校长说："在整个实施过程中，我们力图规范管理、有效实施，尽力做好这件事。"某研训主任说："双师课堂的开展，也为本校优秀青年教师提供了历练和成长的宝贵机会。"该学校在认可双师课堂的前提下，成立了双师课堂领导小组，进行系统、规范的管理。另外，其遴选优秀骨干教师成立了双师课堂学科组，以师徒结对的方式帮助双师课堂主讲教师磨课，从外部吸引优秀人才，及时为双师课堂师资队伍补充力量，保障了双师课堂开展必备的人力资源。学校领导还多次带领任课教师外出参加省内外的研修活动，提升了教师的信息素养和在线教育相关技能。由此可见，学校校长响应上级号召，加强组织保障，积极开展教学实践，促进了双师课堂教学的有效实施。

5.2.2　薄弱学校的发展主动性

薄弱学校是双师课堂的被帮扶端，也是双师课堂的主要协同主体，其发展主动性是影响双师课堂有效实施的关键因素。薄弱学校的发展主动性主要表现在发展动力和参与意愿两方面。

首先，薄弱学校的发展动力会影响其参与双师课堂的热情。薄弱学校自身具有发展的需求，也是双师课堂主要的帮扶对象，但双师课堂的实施效果还取决于薄弱学校本身的发展动力。一些薄弱学校的发展动力不强，参与双师课堂缺乏主动性和积极性，将双师课堂实践当作"上级安排的任务"消极应对，在实践中无法进行积极配合，不利于双师课堂的有效实施，也不利于本校的发展。

其次，薄弱学校的参与意愿也会影响其参与双师课堂的热情。一些薄弱学校具有较强的发展动力，但是对双师课堂促进本校的发展缺乏认同，参与双师课堂的意愿不强，制约了双师课堂实践的推进和实践效果。相反，对双师课堂持有较高认同度的学校，参与意愿较强。例如，某学校相关人员认为双师课堂是促进本校教师专业能力提升的主要手段，本校是双师课堂的受益端，高度认同双师课堂帮扶本校发展的意义和价值。实践中，其积极主动申请加入双师课堂实践项目，并要求所有学科教师观摩同步课堂教学，进行课后研讨，取得了较好的实践效果。

5.2.3　教育主管部门的重视程度

教育主管部门是双师课堂的领导者、组织者和管理者，其对双师课堂的重视程度直接决定了双师课堂能否顺利、持续推进，其主要通过影响各学校的参与动力发挥作用。正如调研中有人所说："下面一定是跟着上级领导的指挥棒走的，上级领导重视，才能够协调多方力量积极参与，提供全面保障，激发相关人员的参与动力；领导重视不足，则推动起来比较困难，所以说指挥棒不动，下面的热情也不高。"调研发现，区域教育主管部门重视，双师课堂实施的效果就会比较好。例如，某区域上级教育部门高度重视，在省级层面由教育厅厅长直接监管，激发了下级教育部门和各方人员的参与积极性。例如，某教研院院长说："效果明显的原因主要有两点，一是上级领导重视、亲自抓；二是各县的管理者也都关注，教研、电教部门积极参与，大家都关注，效果就会明显。"区域教育管理者重视，学校层面积极配合，双师课堂各方面的工作就能有序进行。正如访谈中有人所说："我们想推进双师课堂实践，但如果领导不重视，结对学校都不理你。如果不是一把手跟那边对接好了，那是完全不可能做好的，所以区教育局局长、副局长的重视很重要。"当然，也有一些区域教育主管部门的关注不足，导致双师课堂实践的推进困难重重，中途叫停现象时有发生。

5.3 组 织 保 障

双师课堂的实施需要有序组织，因此坚强有力的组织保障显得尤为重要。组织建立要充分发挥多方优势力量参与，要能够为双师课堂实践提供领导、教学、技术等多方面的支持。这就需要当地政府、教育主管部门、两端学校、信息化企业等多方主体协同参与，组建领导团队、教学团队、技术支持团队和教学指导团队等。

5.3.1 领导团队

组织领导团队是实现组织愿景、激发组织凝聚力等的主要因素。双师课堂实践的组织推动，也需要一个强有力的领导团队。其中，不仅包括区域层面的领导团队，也包括学校层面的领导团队。无论哪个层面的领导，都应包括技术、教学、教研等多个部门，只有这样才能充分发挥多部门的力量，共同服务于双师课堂的有效实践。然而，在实践中，部门之间协同不力、参与不够等问题，导致组织团队的作用难以充分发挥，不利于双师课堂实践的推进。某区电教部门负责人说："这件事情还需要基教部门的参与，才能很好地调动学校的积极性，我们属于事业单位，到基层学校推进工作不那么顺畅。"

5.3.2　教学团队

双师课堂实践不是个别教师的孤军奋战，需要教学团队的大力支持。教学团队是双师课堂实践推进的坚强后盾，能为教师的教学提供指导、帮助和建议。教学团队不仅包括由主讲教师和远端学校教师组成的协同团队，也包括由学校学科组成员组成的支持团队。主讲教师 M 说："需要大家的支持，而不单单是我一个人在做，因为这节课不太能搞定，就去问科组的老师，等于说我身后有整个科组提供协助。"远端学校教师也是如此，如某远端学校音乐教师说："如果有更多教师加入，我就会觉得压力小一点。"团队组建的重要性由此可见一斑。此外，团队的稳定性也很重要。部分学校教学团队的成员更换频繁，不仅不利于教师之间的熟悉和适应，而且会导致教师产生"打酱油"心理，难以保证教师的投入度和双师课堂教学的持续开展。主讲教师 M 说："教师不能一直换，总是换教师对学生不好。"可见，频繁更换主讲教师，导致一些主讲教师将双师课堂教学看作临时性任务，远端学校教师对此失去了期待，最后导致双师课堂沦为一种形式，难以发挥实际的作用。

5.3.3　技术支持团队

双师课堂依托网络环境和远程教学系统进行，实践过程中难免出现不同程度的技术问题，尤其是在技术条件不成熟的情况下，双师课堂教学过程中经常会出现网络延迟、视音频信号传输不清等问题，不仅会影响课堂教学效果，而且会影响师生的情绪，导致课堂出现混乱，不利于双师课堂教学的持续开展。因此，技术维护是保障双师课堂教学正常运行、教学活动正常组织与顺利开展的关键。技术的维护与保障需要专门的技术人员，可以组建技术支持团队。技术支持团队一般由企业技术人员、区域电教人员及学校信息技术教师组成。技术支持团队提供的技术支持主要包括技术设备的应用培训指导、双师课堂技术环境的运行维护、故障解决等，完善的技术支持团队能够为双师课堂教学提供技术保障。例如，某远端学校教师 L 说："有专门的技术教师给我们培训，那时候设备和平台的按键特别多，专门负责技术的教师跟着我们，还在后台帮我们录制，当时帮了我们很大的忙。"缺乏技术支持团队，会影响双师课堂的顺利开展，主讲教师 M 说："起初开展的次数比较少，是因为设备总是出故障，没有人能解决问题，开课就不能保证，总是一拖再拖。"教师 L 说："我们缺乏专业技术人员，没有专门的技术支持队伍，技术运维主要由设备供应企业负责。出现复杂的技术问题时，教师不能自己解决，所以每次出现故障时，校长会联系第三方公司进行维修，但不能马上得到解决。所以，每次网络卡掉的时候，校长、副校长都会亲自解决，但有时候也不能弄好。"由此可见，技术支持团队在双师课堂实践中发挥了重要作用，是组织团队的一个重要组成部分，对双师课堂教学的顺利实施及教学效果都有较大的影响。另外，技术支持团队提供的技术保障是双师课堂有效实施不可或缺的条件，会影响教师对双师课堂易用性的感知及其后续应用。

5.3.4　教学指导团队

双师课堂是一种新型教学模式，教师缺乏实践经验，在实践中会遇到诸多困难，需要得到专业教学指导团队的指导和支持。教学指导团队不仅能够帮助教师解决实践中面临的问题，还能够为教师提供相关培训，帮助一线教师快速成长。在双师课堂实践中，组建了教学指导团队的区域或学校，双师课堂教学开展得相对顺利。例如，某些区域组建了由高校专家、区域教研员、骨干教师、一线教师参与的教学指导团队，为双师课堂实践提供了支持和帮助；某些学校依托学科组组建了教学指导团队，帮助教师解决实践问题，激发其实践动力，提升其教学能力。某主讲学校校长在访谈中说道："我们之所以取得了一定的效果，主要还是得益于省教培院和市区教研员的指导。他们走进课堂，帮我们逐步解决问题。我们就是跟着这些专家走，才能走得扎实，如果只是单独作战，可能还是比较难的。"相反，在一些缺乏教学指导团队的区域或学校，一线教师难以得到相应的指导，只能盲目地探索，双师课堂的推进面临重重困难。某区域工作总结写道："各市县教研支持乏力，市县教研部门不能较好地指导。另外，培训力度不足，由于缺少培训专家团队，很多一线教师尤其是中心校和教学点的教师没有参加过省级培训，很多在试点中已经证明有问题的方法和思路还在一些课堂中不断试错，一些适用于双师课堂的教法和学法还没有在更多课堂中得到推广。"主讲教师 M 说："怎样实施，如果有理论性指导的话，可能在具体的教学中就更有目的性。如果是我一个人慢慢地摸索，可能达不到事半功倍的效果。没有团队或者专家的带领，感觉有点儿茫然。"可见，教学指导团队是双师课堂组织团队中必不可少的力量。

5.4　运行机制

双师课堂作为一种复杂的系统实践，要从理念层面最终转化为实践效果，并且高质量、可持续地开展，需要具有健全的运行机制来提供全方位的保障。影响双师课堂有效实施的运行机制包括动力激发机制、教师培训机制、互利共赢机制、统筹协调机制等（图 5-3）。

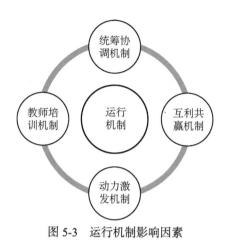

图 5-3　运行机制影响因素

5.4.1　动力激发机制

在双师课堂实践中，两端学校教师均需付出了时间、精力，从某种程度而言，增加了工作负担。要想保障双师课堂持续开展，激发参与教师的实践动力变得尤为关键。这就需要建立健全动力激发机制，使教师内心接纳双师课堂，并积极主动参与其中。动力激发机制的建立，不仅包括区域层面，也包括学校层面相关制度的完善。从区域层面来看，有些地方政府积极推动双师课堂，并出台了与双师课堂应用挂钩的考核激励制度，从政策和制度上引领双师课堂的开展，在教师动力激发等方面取得了一定的效果。例如，为了提高教师参与双师课堂教学的积极性，某区域引领与深化双师课堂应用，形成宽松、自由的氛围，逐步形成教师能用、想用、愿用的风气；制定了完善的职称评定制度、绩效奖励政策，将教师是否参与双师课堂、承担相应的教学工作，以及在双师课堂中的表现等作为职称晋级、绩效工资发放的主要依据之一。从学校层面来看，一些学校结合本校实际情况及上级下发的指导文件，制定了相应的激励制度，激发教师的工作热情。某小学就制定了教师或指导团队双师课堂待遇相关的制度，如主讲教师在完成学校正常教学工作任务的基础上，额外完成 1 课时双师课堂授课工作量，等同于专职支教 2 课时，并按 2 课时计算工作量；主讲教师到对接学校现场授课或指导，完成 1 课时等同于专职支教 1.5 课时，并按 1.5 课时计算工作量；指导团队教师及设备管理人员每指导（或辅助完成）1 节双师课堂，按照 1.5 课时计算工作量。以上制度的建立，在一定程度上激发了教师及相关人员的工作动力。

对于缺乏相应激励机制的区域和学校来说，双师课堂的推进面临重重困难。例如，某区域工作总结中写道："当前的主要问题是评价奖励制度缺失，参与双师课堂实践的教师都是在超负荷完成工作任务，很多学校没有相应的绩效奖励，在评优评先、职称认定上也没有配套的政策支持，教师参与的积极性受到了很大影响。"激励机制缺乏，不利于双师课堂的持续开展。正如一些地方激励机制乏力、分配制度固化，绩效分配制度难以实现优质优酬，教师需要长期加班，额外奉献，长此以往，难以持续。某校长说："主要问题是教师的热情不足，体制机制的政策保障也存在一些问题，人家主课堂的教师为什么要带着你？"

关于动力激发机制，还要考虑是否能满足教师的需要。一些区域虽然制定了相关制度，但是效果不理想。正如某电教馆馆长所说："虽然制定了激励政策，但是在执行过程中发现，下面学校和教师的积极性还是不高。其主要原因在于，激励机制对教师的实际需求关照不足。"所以，动力激发机制不仅要建立，还要完善，这就要求上级部门在制定相关制度和政策时，充分考虑学校及教师的实际需求，采取具有针对性的激励措施，提升动力激发机制的实际效用。总之，动力激发机制是影响双师课堂持续推进的关键因素。

5.4.2　教师培训机制

双师课堂作为一种新型教学形式，实践初期，教育管理者及一线教师均缺乏相关的经验，相关能力不足，制约了双师课堂的正常推进和教学效果。因此，要快速提升相关人员的能力，就有必要建立教师培训机制，组建培训专家队伍，开展双师课堂能力提升培训活动，帮助相关人员尽快熟悉和适应双师课堂。

教师培训机制在双师课堂实践中发挥着重要的作用。一些区域重视教师培训，建立了完善的培训机制，教师的双师课堂教学能力提升速度很快。例如，某省很重视双师课堂教学工作，建立了由教研院、高校专家、优秀学科教师参与的专家培训团队，在双师课堂实践前期，组织专家讲解、课例观摩、经验分享等培训活动，在实践中期组织了实地指导活动，为双师课堂的开展提供了重要的支持和帮助。除区域建立培训机制之外，一些学校也重视双师课堂的师资培养工作，通过组织教师参加区域培训活动和开展校内校本培训的方式，帮助教师尽快适应双师课堂教学，提升教师的双师课堂教学能力。例如，ML 学校不仅鼓励教师外出参加研训活动，而且在校内成立了由学科教师和技术人员组成的指导团队，面向本校教师开展"双师课堂设备操作""双师课堂教学设计、教学实践"等主题培训活动。远端学校由于师资短缺，难以形成学科组，多通过参加上级培训的方式获得专家的指导，这对远端学校教师能力的提升起到了非常大的促进作用。某远端学校教师 L 说："前期，我们参加的是信息技术方面的培训，那时候我们对这些设备还不熟悉，在培训中了解了双师课堂这个平台的大概情况；中期，教研组和区里的教研室也给我们做了一些教学方面的指导，对我们的帮助很大。"对于缺乏教师培训机制的区域和学校，教师只能在实践中摸索，能力提升的速度很慢。主讲教师 L 说："起初，也没有专业的培训，只是集中起来开会，简单介绍一下这个项目具体怎么做。当时都没有经验，他们也不清楚，所以我们只能是摸着石头过河，慢慢探索，这样就会遇到很多困难，可以说当时是屡战屡败。"

要保障教师培训效果，需要建立完善的教师培训机制。完善的教师培训机制，绝不仅仅指组织培训活动，还应该体现在培训团队强、培训对象全面、培训内容具有针对性、培训形式适切等多个方面。例如，某些区域的培训对象只包括主讲教师，而对远端学校教师能力提升的重视程度不够，也难以保证两端教师协同教学能力的全面提升。再如，一些区域的培训内容只重视技术操作，缺乏对双师课堂教学方法、策略方面的指导，也难以达到较好的培训效果。因此，双师课堂实践需要建立完善的教师培训机制。

5.4.3 互利共赢机制

双师课堂的最终目的是实现优质教育资源共享。优质教育资源的持续共享依赖双师课堂的持续开展，而双师课堂的持续开展又需要两端学校的有效协同和互利共赢。双师课堂实践常表现为城市优质学校对乡村薄弱学校的单向帮扶，优质学校作为优质教育资源的输出端，难以获得对等回报，不能实现互利共赢，不利于激发主讲学校持续参与双师课堂的意愿和动力，不利于双师课堂教学的持续开展。这就需要建立互利共赢机制，使两端学校共同受益，促进双师课堂长效开展。可以说，互利共赢机制是双师课堂得以持续开展的必要条件。例如，某远端学校校长说："他们也要对自己的学生负责，对吧？因为他们学生的基础肯定好。如果他们一味迁就我们，对他们来说也不好。所以，只有互利互惠，双师课堂教学才能够进行下去。"某教研院院长说："如果不能解决城镇学校和农村学校集团化、办学帮扶的机制问题，城市学校的积极性慢慢就会减弱。"

在一些地区的双师课堂实践中，往往缺乏互利共赢机制，阻碍了双师课堂实践的有效推进。例如，某主讲学校由于需要付出时间、精力，而没有同等收获，逐渐对双师课堂教学失去热情。某区域教育局局长说："在这个过程中，感觉好的学校有意见，担心会把自己拖垮，但薄弱学校感觉还不错，可能是一头热，得两头热才行。"某远端学校校长说："其实，有一些学校不太愿意做这件事，也就是说可能是挂着牌儿，但实际上没有那么积极去操作，其实我觉得还是跟一些付出与回报不成比例有关。"

一些区域及学校在实践过程中都意识到了缺乏互利共赢机制这一问题，且采取了一些措施。针对主讲学校的付出，一些区域采取了一些面向主讲教师的激励措施，例如，在课题申报、外出参训、评奖评优等方面，给主讲教师的付出提供了一定的回报，缓解了动力不强的问题。此外，远端薄弱学校也通过挖掘自身优势，使主讲学校能够从中获得对等的资源共享收益。一些薄弱学校基于本地特色，以及富有地方特色的区域校本课程等本土资源，借助双师课堂共享给主讲学校，使主讲学校从中获益，有的薄弱学校作为实践基地，支持主讲学校的研学等活动。通过以上举措，薄弱学校实现了从单向接收到双向共享互利的转变，而且传播了薄弱学校的本土文化，提升了学校的影响力，促进了城乡学校协作互动的可持续发展。总之，建立与完善互利共赢机制，对维持两端学校的长期合作关系，具有重要的意义。

5.4.4　统筹协调机制

双师课堂是一项涉及多方主体的系统工程。关于参与双师课堂的学校对接、教师遴选、课程安排等，都需要进行统筹协调和系统组织，这就需要建立统筹协调机制。

1. 学校对接

对接学校的选择需要考虑覆盖学校的规模及两端学校的学情差距。例如，目前，多数区域的双师课堂教学采用"一对一""一对二"的对接方式，不仅视频连接方便，教学设备出故障的概率小，而且两端学校教师的沟通更加方便，教学进度能够保持一致。相反，在有些区域对接班级数量多，教学规模大，两端班级的学生太多，主讲教师在教学互动中就很难兼顾两地学生，课堂组织管理较难。还有的区域对两地学生的学情差异考虑不够，两端学生的学习基础和接受能力存在较大差异，教学中主讲教师要兼顾两端学生，会增加教学负担，难以保证双师课堂的教学效果，还会影响主讲教师的积极性。例如，有教师说："因为学生之间有差异，为了照顾远端学校的学生，主讲教师会对上课的进度、难度进行调整，所以主讲学校学生就会'吃不饱'，远端学生则是'消化慢'。在这种情况下，上了几次课之后，主讲教师的积极性就不高了。"

2. 教师遴选

双师课堂需要两端教师协同应对挑战，这不仅对教师的能力提出了较高要求，也要求教师具有较强的实践意愿。因此，学校在遴选教师时，需要进行统筹考虑，尽可能地选择有能力、有热情、有动力的教师参与。同时。主讲教师作为优质智力资源的代表，其专业能力决定了双师课堂的教学效果，也会影响远端学校教师对双师课堂的接受度和认可度，因此教师遴选尤为重要。实践中，一些区域为了给青年教师提供锻炼机会，选择由新入职的教师担任主讲教师，导致双师课堂教学中的课堂把控、专业引领都难以达到期望的效果，影响了远端师生对双师课堂的价值认同和远端学校的参与热情。例如，某远端学校教师说："如果主讲教师没有什么新颖的理念和方法教给我们，水平和我们差不多的话，那我们也不需要他来帮忙了。"

3. 课程安排

课程安排涉及课程选择、课时安排、课型选择等多个方面。为了发挥双师课堂的资源共享和协同帮扶优势，课程安排要遵循需求导向原则，课程选择要考虑远端学校的需求。一些区域为解决远端学校师资不足，以及个别科目开不齐、开不好的问题，选择该类课程作为双师课堂的课程，受到远端学校的好评，远端学校师生也获得了不同程度的成长。例如，某远端学校教师说："比如，美术课，我们这里没有教师，开设美术课对我们是有帮助的，开设音乐课也是可以的，如果是语文、数学，那意义就不是不大了。"关于课时安排，即开课频率的问题，也需要结合两端学校的需求进行统筹考虑。课程太频繁，会增加主讲学校的工作负担，例如，主讲教师 L 说："频率太高，而且有时候会增加我们的工作量。"开课频率太低会影响双师课堂的连贯性和持续性效果，例如，某远端学校教师 W 说："我觉得如果偶尔上一次，效果不好，要想有效果，应该是长期的。教师长期上课，对这个班的情况会了解得更多，这样才会有效果。偶尔上一次，教师可能就没有那么投入，认为能完成任务就可以了。这需要两端学校进行协调，所以我觉得这是一个长期性的问题。"可见，开课频率不仅会影响教学效果，还会影响教师对待双师课堂的态度。此外，课型选择也需要慎重考虑。两端学校的学情存在差异，如果开设新授课，则难以兼顾两端学情，因此一些区域选择了"复习课""习题课"等课型，保证两端学生均能有所收获。还有一些区域选择"专题课""班会"等多种形式，以充分调动两端学生参与双师课堂的积极性。

由此可见，双师课堂涉及多方主体，要保障长期、可持续，需要充分考虑各方的需求，兼顾各方的差距，这就需要建立完善的统筹协调机制。

5.5 技 术 环 境

双师课堂的运行要依托畅通的网络和功能完善的远程教学系统。良好的环境能够保证主讲端师生与接收端师生相互看见、听见，保证远端学生顺利参与课堂听讲、答问、讨论等基本教学活动。因此，技术环境是双师课堂顺利开展的物质基础和先决条件，是影响双师课堂教学效果的主要因素，具体包括畅通的网络、支持视音频传输的信息化设备（摄像头、麦克风、交互式电子白板）和同步互动教学系统或平台等。

一般来说，开展双师课堂教学的两端学校均通过不同方式接入网络，但网络带宽存在差异。例如，一些主讲学校能够实现千兆光纤进校园，但一些偏远地区的远端学校的网络却只有百兆，甚至十兆、二十兆，双师课堂教学过程中经常出现网络掉线、卡顿、延迟等问题，不仅影响了课堂教学的顺利进行和教学效果，也严重影响了教师和学生的上课体验，不利于双师课堂的持续开展。调研中，无论是区域教育主管部门还是学校管理者、一线师生，都提出了关于网络的问题，部分师生还对网络问题表示了不满。某主讲教师表示："双师课堂没有良好的网络支持，就像走路没有穿鞋一样，寸步难行。"某远端学校教师说："网络不行，一会就卡掉了，课就上不成，我们又要把学生带回来，这样时间也耽误了，我们都很烦的。"

双师课堂开展需要基于远程教学平台，这就需要有软件平台和相应的硬件设备的支持。影响双师课堂开展的平台因素不仅包括平台功能、设备性能，还包括设备布局等。

双师课堂教学平台的功能要以可用、易用为主要宗旨，否则会增加教师的操作负担，导致双师课堂教学变得更加复杂。例如，在双师课堂实践初期，双师课堂教学平台的功能尚不完善，多数教师操作设备会出现障碍，影响了教学节奏和进度。例如，某教研院院长说："一些公司大多是不懂教育的，他们设计的那些东西特别复杂，造成了很多麻烦。"有教师反馈："使用设备时，还是没有那么方便、快捷，有时比较费时间。课堂时间宝贵，简化使用步骤，效果会更好，希望技术人员能解决这个问题。"随着平台功能的不断优化，一些操作趋于简化，减轻了教师的操作负担，他们能够将更多精力用于教学活动的组织等方面，使教学更加顺畅。某远端学校教师说："刚开始操作比较复杂，按键特别多，后来就简单化了，就只有开机键、关机键了，这就好太多了。"影响双师课堂顺利开展的设备主要是指支持视音频传输呈现的摄像头、屏幕、麦克风等，设备虽小，影响却很大。例如，摄像头不清晰、安装位置不合适、屏幕太小，均会影响两端学校师生的视觉效果。正如某主讲教师所说："摄像头安装的位置不合适，导致课中没有办法看到远端班级的全貌，存在视觉盲区。由于麦克风等问题，远端学生回答问题的声音太小，而且存在噪声，我们基本听不清楚。"远端学校教师 L 说："传过来的声音很小，学生在听老师讲解、回答问题时很吃力，学生回答问题的声音传过去也非常小。另外，两边学生同时在白板上写字的时候，书写不够流畅。"此外，设备布局不当也会影响双师课堂的教学效果，例如，在多数主讲教室里，呈现远端班级的屏幕在正前方黑板处，这不仅会干扰主讲端学生的专注力，主讲教师进行交流互动时也不方便。正如某主讲教师所说："我觉得这样挺别扭，我每次转头，学生才会举手，如果看不到我的正面，他们就不举手了。"

近年来，大数据、人工智能、虚拟现实等技术的快速发展和广泛应用，为双师课堂的高效协同和深度交互提供了有力支撑。因此，双师课堂教学环境应根据教学过程中两端师生对自适应信息推送、学习过程监控、即时反馈支持、针对性学习指导等方面的实际需要进行优化，这就要求技术研发部门有效利用人工智能、虚拟现实、大数据等先进技术，使双师课堂教学环境支持对教师教学、学生学习过程的全程动态跟踪、实时多元评价、智能预警与科学干预，促进双师课堂中两端教师的高效协同，促进学生的深度交互发生，提升双师课堂的教学效果。

总之，完善的设备环境、流畅的网络是开展双师课堂的基础和保障。教育主管部门应该统一为主讲端和接收端学校建设用以支持视音频流畅传输和实时互动的网络环境，实现城乡学校的互联，支持将主讲端课堂的教学情况全程清晰、流畅、实时地传送到接收端班级，避免出现中断、卡顿的问题，保障双师课堂正常开展。同时，需要建立支持视音频直播和异地交流互动的软件系统平台，以及可供两端教师共享教学课件的软件系统等。

综上所述，影响双师课堂实践的因素包括相关人员的能力、实践动力、组织保障、运行机制、技术环境等多个方面，相关部门应该给予高度重视。

第 6 章

双师课堂实践困境的破解路径

　　针对双师课堂组织结构不完善、运行机制不健全、主体参与动力不足、相关人员能力不足，以及教学设计、教学组织实施、教学评价反思等方面的问题，本章在借鉴各地经验的基础上，基于协同学、实践共同体、深度交互、技术接受模型等相关理论，分别从双师课堂教学、组织、技术环境优化等维度，提出双师课堂困境的破解策略和路径。

6.1 双师课堂组织路径

针对双师课堂组织层面存在的问题和面临的困境，本节以协同学理论和实践共同体等理论为基础，提出双师课堂的组织路径。

6.1.1 构建"五位一体"协同团队，优化双师课堂组织结构

双师课堂旨在促进优秀教师智力资源的跨区域、跨校际共享，推动城乡学校协同发展。双师课堂实施是一项复杂的系统工程，涉及技术环境建设、教学实践、教研实践、教师培训等多方面，每一项工作都是系统中的重要环节，都会影响双师课堂实践的推进。这就需要组建一个由多方力量参与、多方主体协同的组织团队，为双师课堂实践提供强有力的组织保障。鉴于当前双师课堂实践中存在的诸如教育主管部门主导力量不足、技术支持和教学指导不到位、协同组织不顺畅等问题，双师课堂组织团队的建设需要更加注重领导团队、支持服务团队等建设。领导团队需要政府的参与和主导，支持服务团队离不开企业的参与和专家的引领。因此，双师课堂组织团队建设可基于 UGBS（university，government，business，school）理念，组建由政府、教育主管部门、企业、高校、城乡两端学校组成的"五位一体"协同团队，如图 6-1 所示。

"五位一体"协同团队进一步根据各主体的优势，将其分为领导、组织、教学指导、技术支持、协同教学等多个子团队。其中，领导团队由政府主导，主要负责提供资源、经费、制度等方面的支持保障，是团队的核心，决定了双师课堂实践的决策；组织团队由区域教育局（教研、电教）等部门组成，负责双师课堂实践活动的具体组织、实施和协调工作；教学指导团队由高校教育技术专家和区域教研部门的学科专家组成，负责为双师课堂的规划、组织与教学实践提供理论

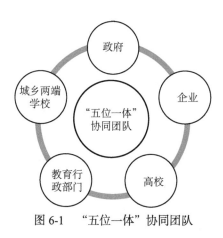

图 6-1 "五位一体"协同团队

引领与实践指导，保障双师课堂规划与实践的科学、高效；技术支持团队由社会企业、区域电教部门组成，主要提供平台搭建、人员培训、运维服务等方面的技术支持；协同教学团队由城乡学校及教师组成，主要开展协同备课、协同教学和协同评价反思等工作，从教学与教研两方面开展双师课堂实践。以上诸子团队各负其责、相互协同，共同为双师课堂的高质量发展和可持续推进提供全面的保障。

6.1.2　建立协同激励机制，激发主体的协同动力

双师课堂教学目标的实现，需要双师课堂系统发挥协同功能，实现协同效应，系统中各参与主体的协同意愿和动力尤为关键。协同动力，一方面源自外部约束，另一方面源自内部驱动，且外部主要通过制度进行约束和干预，内部主要通过激励机制进行激发和驱动。因此，从外推来看，约束和干预可以可通过对双师课堂的监督和考核来实现，即加强对双师课堂实践过程的监督和对双师课堂实践效果的考核，以增强相关责任主体的责任意识。从内驱来看，协同是利益相关者的协同，追求自身利益最大化是系统各主体协同的原始动力。因此，实现协同的前提与核心是各利益主体之间的相互促进和互利共生，实现各自利益的最大化。这就需要把握不同主体之间的利益关系，并进行协调和分配，最终形成有助于互利共赢的协同机制。

1. 优惠补偿的共赢机制

两端学校的深度协作和教师的积极参与，是双师课堂实践推进的前提和基础。针对双师课堂实践过程中主讲学校因单向付出难得到对等回报而动力不够和协同不足的问题，为了调动主讲学校的积极性和增强其持续实践的意愿，政府需要首先了解主讲学校的发展诉求，并在一定程度上为其提供发展资源、机会或资金等方面的支持。例如，一些区域通过资源积分制、装备积分制为资源输出学校提供优秀资源、优质课题、先进设备等，或帮助主讲学校建设同步课堂环境，或使主讲学校获得优先发展的便捷通道，实现对主讲学校付出的优惠补偿，在一定程度上增强了主讲学校持续实践的动力。

针对双师课堂实践过程中主讲教师和远端学校教师内生动力不足的问题，政府及教育主管部门需要首先了解教师的诉求，并在推动过程中完善相应的制度，创新相应的机制，为主讲教师的投入提供相应的补偿，激发教师参与的热情。例如，各级管理者可以了解清楚教师的现实需求，分清哪些需求是合理的，哪些需求是不合理的；哪些需求是现在可以满足的，哪些需求是今后努力才能满足的。然后，以教师的需求为基础，完善相关的激励机制。一般来说，一线教师在工资待遇、职称晋升、专业发展等方面具有较强的期望和诉求。正如某主讲教师所说："教师晋升职称需要支教经历和支教课时。任课教师一直进行双师课堂实践，这一年能否算下乡？或者进行两年双师课堂实践，是否能等同于完成下乡任务？因为教师参与双师课堂实践，实际上也是在远程支教。"因此，教育主管部门可以根据教师的贡献，适当给予一定的补贴（包括物质和精神奖励），提高其工资待遇，还可以改善参与双师课堂教师的职业发展境遇，引领指导一线教师参与课题研究和论文写作，帮助教师提高教学能力、研究能力。在双师课堂实践中，确实有一些区域为主讲校教师提供了课时补贴或评优评先、职称评审的优惠政策，帮助教师解除了薪酬待遇和职业发展的后顾之忧，在激发教师的积极性方面发挥了重要作用。

此外，双师课堂不是主讲教师的独角戏，远端学校教师具有主讲教师不具备的近地优势，熟悉本地学生，更便于组织教学活动，实现情感交流与互动。远端学校教师是协同教学中不可或缺的协同主体，其参与的积极性也会对双师课堂实践产生重要影响。因此，相关部门需要重视远端学校教师在双师课堂实践中的角色和主体地位，充分发挥远端学校教师的协同教学作用。远端学校教师的课业任务多、参与双师课堂的工作任务加重等，一些远端学校教师缺乏实践热情和主动性，因此激发远端学校教师的动力就更加重要。然而，远端学校教师一般被认为是优质教育资源的接收端，是受益者，相关激励机制或补偿机制较少能够覆盖到远端学校教师。因此，需要关注远端学校教师实践动力不足、缺乏积极性等问题，激励机制的建立也应考虑远端学校教师的动力激发问题。例如，相关部门可以通过适当给予远端学校教师物质与精神奖励的方式，提高远端学校教师的获得感，通过组织双师课堂经验分享活动，增强远端学校教师的荣誉感。一些学校对完成情况较好的教师给予奖励，提供福利补给品，或在评职称等方面优先考虑，在一定程度上激发了教师的参与热情。

2. 相互赋能的共赢机制

相互赋能的共赢机制，是指双师课堂对接学校发挥自身的优势，相互赋能，使对方从中获益。在双师课堂实践中，主讲学校是优质资源的输出端，远端学校通过双师课堂，能够得到教育理念引领、教学方法指导，解决开不齐、开不好课的问题，提升教育教学质量。然而，远端学校作为薄弱学校，难以为主讲学校提供对等的回报，难以实现互利共赢。因此，要促进双师课堂的可持续开展，实现互利共赢，就需要远端学校转变被动接受者的角色，对本地、本校资源进行充分的挖掘和加工，使主讲学校师生也能够从中获利。例如，一些学校以当地自然风光、乡村文化特色为基础，设计与开发本土特色课程，丰富课程体系，共享给主讲学校，使主讲学校也能从中获益，进一步巩固了两校的合作关系。还有一些学校将本地作为学生的实践基地，供主讲端学生开展研学活动，以促进两端学校的持久合作与联系。

3. 外力约束的考核机制

双师课堂的实践推动离不开过程性考核。然而，目前双师课堂实践中的考核机制尚缺乏，出现了"做好做坏一个样""责任主体不明确"等问题，难以激发相关人员的潜能，双师课堂的教学效果不佳。因此，教育主管部门需要建立相应的过程性监督和结果性考核机制，对双师课堂组织团队中的不同主体进行一定的考核。例如，针对两端学校，可以根据主讲学校帮扶远端学校的规模和实践取得的效果对主讲学校进行考核，可以根据远端学校在双师课堂中的配合程度、开课频次、开课效果等对远端学校进行考核。一些区域通过集团化办学、捆绑考核的方式，对两校的协同情况进行考核，进一步激发了合作动力，提升了双师课堂的实践效果。此外，针对教师动力不足的问题，在建立和完善相关激励机制的同时，也需要对奖励条件进行规定。例如，一些区域对双师课堂的课时量提出了具体要求，达到某课时量才能够享受评优评先的政策优惠，而不是只要参与就能够享受政策优惠。

4. 创新三段式组织策略，提高远端学校的自主发展能力

双师课堂旨在通过城乡帮扶促进薄弱学校实现高质量、可持续发展，因此"输血式"的单向帮扶不是长久之计，"自造血"的自主发展才是根本。这就需要远端学校在通过双师课堂获得帮扶的过程中，增强自主发展动力，提升自主发展能力。乡村教师是乡村学校教育质量提升的关键，因此促进乡村教师的专业发展就成为双师课堂实践的一个重要使命。实施双师课堂的根本目标不应仅仅是依靠帮扶来改善远端学校的开课问题，而是应该通过各主体间的协同与竞争，形成远端学校及教师发展的自组织系统，增强远端学校及教师的自主发展动力和能力。那么，如何基于双师课堂使乡村学校自主发展的系统得以构建、实现运转，就成了研究与实践的关键。

协同学的自组织理论研究系统从混沌无序的初态向稳定有序的终态的演化过程和规律表明，无序向有序演化必须具备几个基本条件：①产生自组织的系统必须是一个开放系统，系统只有通过与外界进行物质、能量和信息的交换，才能维持稳定、有序的结构。②系统从无序向有序发展，必须处于远离热平衡的状态，非平衡是有序之源，开放系统必然处于非平衡状态。③系统内部各子系统之间存在着非线性的相互作用，这种相互作用使得各子系统之间能够产生协同动作，从而可以使系统由杂乱无章变得井然有序。自组织理论还认为，系统只有通过离开原来状态或轨道的涨落才能使有序成为现实，从而完成有序新结构的自组织。根据协同学的自组织原理，自组织可以由他组织逐渐演化而来。鉴于当前双师课堂实践中远端学校、教师被动参与，两端学校合作不足，两端教师协同不足，远端学校自主发展机制未形成等问题，双师课堂的组织部门可以采取"专家组织—主讲学校示范—远端学校自组织"的三段式组织策略，如图6-2所示。

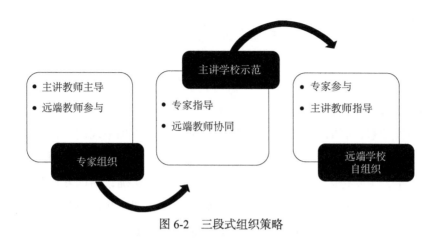

图 6-2　三段式组织策略

在分段式双师课堂组织推进的过程中，逐渐由他组织向自组织转变，使外界专家和主讲教师的干预不断减少，远端学校和远端学校教师的地位不断提高，在协同过程中从协同系统的边缘逐渐走向中心。第一段，"专家组织"是指由专家负责双师课堂协同教学和教研的组织工作，主讲教师担任备课及教学的主讲教师，远端学校教师作为边缘参与者进行观摩学习，两端教师共同体验课前协备、课中共教、课后同评的一体化过程。第二段，"主讲学校示范"是指由主讲端教师负责双师课堂协同教学和教研的组织工作，远端学校教师成为重点参与者和协同者，专家团队逐渐退为指导者。第三段，"远端学校自组织"是指由远端学校教师负责双师课堂教学及教研的组织工作，远端学校教师担任备课及教学的主讲教师，主讲教师作为协同和指导者，专家则逐渐淡出。该组织策略旨在帮助两端教师在体验同步课堂的备、授、评一体化协同的过程中，增强协同意识，明确协同职责，提升协同能力，提高远端学校教师的教学水平，激发远端学校教师的自我发展动力，使远端学校及教师形成促进自我可持续发展的自组织系统。当前，有些地区针对远端学校教师职业认同感降低等问题，采取了轮流主讲方式，也是三段式组织策略的体现。

5. 创新双师课堂研训机制，提升相关人员的能力和素质

双师课堂是在技术的支持下开展的网络协同教学活动，对教师的双师课堂教学能力有较高的要求。教师的双师课堂教学能力不足，会制约双师课堂的教学效果，影响双师课堂的高质量、可持续推进，以及城乡教育优质均衡发展目标的实现。因此，提升两端教师的双师课堂教学能力，成为推动双师课堂实践的关键。

在双师课堂实践过程中，区域层面大多基于"培训先行"策略开展相关培训活动，提升教师的能力和素质。例如，在实践初期，某一地区由于设备环境建设需要时间，就率先面向教师开展双师课堂教学理念和技术操作的专题培训，培训内容涉及信息技术促进课堂教学改革、演示型课件的制作原则和技巧等。培训专家有的是高校专家，有的是企业技术人员，培训方式多为集中式讲座，当地政府对培训工作给予了大力支持。尽管如此，在双师课堂实践过程中，教师的教学能力仍存在不足，主要是因为当时的双师课堂培训对象不明确，培训方式单一，培训内容的针对性不强和实效性不足，这又可以归因于培训团队当初对教师的双师课堂教学能力的认识尚不深刻，对教师的培训需求尚不明确。因此，要促进教师能力的提升，需要明确培训对象和需求、确定培训内容、精选培训资源、优化培训队伍、创新研训机制。

（1）明确培训对象

双师课堂是两端教师深度协同的教学模式，对两端教师的能力和素质都有较高的要求，因此双师课堂的培训对象应该既包括主讲教师，也包括远端学校教师。但已有双师课堂培训多注重对主讲教师的培训，弱化了对远端学校教师的培训，主要原因是培训团队对双师课堂的协同本质的认识尚不足，未能意识到远端学校教师的协同主体地位。因此，要提升培训效果，首先需要培训组织团队对双师课堂形成正确的认识，明晰两端学校教师在双师课堂实践中的职责分工和主体地位，同等关注两端教师的培训。

作为双师课堂的主要把关者，区校管理者的理念、认识、魄力都会直接影响双师课堂的实施效果，因此也需要组织面向管理者的专项培训，使管理者能够更加科学、规范地引领双师课堂推进。学校信息技术人员是技术支持队伍的主要力量，要解决双师课堂实践中的技术问题，也需要得到专业的培训。

此外，双师课堂覆盖多个学科，已有培训多关注语文、数学等主科，对综合学科的关注不足。培训对象还应覆盖多个学科，这样才能使不同学科的教师均有机会参与培训，进而获得成长。

（2）明确培训需求

一些学校双师课堂培训的针对性不足，重理论轻实践，难以解决双师课堂教学中的实际问题。其主要原因在于，对参训人员的培训需求了解不足，选择的培训内容、设计的培训方式不恰当。因此，明确培训需求，设计基于需求导向的培训方案，是提升培训实效的主要途径。这就要求相关部门做好培训需求的基线调研，采用理论研究与实践探索相结合的方式，探索双师课堂的内涵、本质，建立教师的双师课堂教学能力框架，明确教师能力的差距。同时，基于双师课堂教学中遇到的现实问题，进一步明确相关人员的培训需求，以此为依据创新研训机制，完善培训体系，开展问题导向的教师能力提升培训，全面促进教师双师课堂教学能力的提升。在双师课堂实践中，技术的有效支持至关重要。教育主管部门要重视学校师资队伍建设，尤其是专业技术支持队伍建设，以促进双师课堂的有效发展。学校一方面要机动、灵活地积极引进信息技术专业人才，另一方面要加大对原有在职师资队伍的培养力度，着力提升在职教师的信息技术应用能力和信息化教学能力，采用"两条腿走路"的方针，有效解决专业技术人员不足的问题。

（3）确定培训内容

在明确双师课堂相关人员培训需求的基础上，相关部门需要根据培训对象的角色特征，进一步确定培训内容。例如，对于相关管理者而言，需要注重同步课堂教育理念、同步课堂教学环境建设、基本保障、组织管理经验等方面的培训；对于学科教师而言，培训内容应具有学科针对性和实践性特征，基于教师教学的实际需求，结合具体学科从教育理念、教学模式、教学实践、技术操作等多个方面确定培训内容。双师课堂的技术操作内容应重点关注双师课堂教学环境、设备的操作使用；双师课堂教学模式培训内容应关注多种教学模式的应用，重点强调双师课堂环境下技术如何与课堂教学深度融合。两端教师的能力素质均包括意识与态度、协同备课、协同教学、协同评价反思、技术环境应用等维度，因此面向教师的双师课堂教学培训就应该覆盖以上内容模块。两端教师的角色、职责存在差异，具体的能力、素质要求也有不同，因此培训内容还需要具有针对性。为了保障培训内容的科学性，教育主管部门、高校、企业及学校还可以组建同步课堂教学与研究的实践共同体，协同开展同步课堂行动研究，不断探索经验，形成可推广、可迁移的教学与管理模式，丰富培训内容。

（4）精选培训资源

双师课堂培训需要丰富的培训资源作为支撑。针对已有培训重理论轻实践、教师获得感不高等问题，相关部门应该对培训资源进行精心设计和开发。资源的设计和开发，应从资源使用者的角度进行。对于承载着抽象教育理论的资源，使用者需要具备较强的能力来理解；对于承载优秀案例的资源，使用者需要投入更多的精力来感知和分析案例，进而基于案例理解其中的道理。从使用者全方位感受和多维度参与的角度而言，对培训资源要避免抽象的理论介绍，而是应该丰富教学案例资源，开发更多结合不同学科的案例，通过优秀案例展示或问题案例分析的方式，帮助教师了解双师课堂教学的常见问题和优秀经验，方便一线教师借鉴和参考，使培训更接地气，具备指导性和可操作性，真正实现内容和具体学科的结合、理论与实践的结合。正如有教师所说："培训最好是干货，不要过多讲道理。"具体而言，面向教师的培训案例，应包括教学设计案例、教学实践案例、教学反思案例。资源的形式可以为文本案例、视频课例等多种。此外，培训资源不仅包括一些知识性的，也应该包括一些工具性的，例如，给教师提供教学设计模板作为支架等。以上培训资源不仅为教师组织培训提供了支撑，也为教师自主学习提供了保障。

（5）优化培训队伍

对于双师课堂培训效果而言，培训团队的组建是一个重要影响因素。调研中，多数教师认为需要得到高水平专家的指导。由此可见，教师对培训团队的人员组成，尤其是培训团队人员的专业能力有较高的期待和要求。已有的双师课堂培训多由区域教研员组织，部分区域还会邀请高校专家参与。以上专家提供的更多是理念引领，然而面向具体教育教学实践的培训，离不开一线教师的参与，尤其是优秀学科骨干教师的参与。此外，涉及技术操作的双师课堂也必然需要相关技术人员的支持。因此，培训团队应该聚合高校、科研机构、教研部门、实践学校等多个部门的优势力量，选择对双师课堂有深入研究的专家，有丰富双师课堂教学实践经验的骨干教师，有丰富双师课堂组织与管理经验的管理者代表等。这样既能保障培训有理念引领，又能脚踏实地；既涉及教学实践，又统摄组织与管理，使培训对双师课堂的开展更具实际指导意义。

（6）创新研训机制

已有的双师课堂培训多采用短期集中式专题讲座的形式，教师在双师课堂教学实践中遇到困难时，难以获得及时的指导，即培训的持续性不足。因此，要提升培训效果，需要改变传统单一的培训方式。首先，可以基于"体验式"的培训理念，以双师课堂教学能力提升为目的，基于教师实践性知识的特性，结合双师课堂的特殊性，灵活采用融合课例观摩、评课议课、专题研讨、教学实践等多样化培训方式，将理论讲授、优课观摩、实践演练、评课议课等充分结合，体现"研训用一体化"的培训理念。其次，可以发挥线下与线上相结合的优势，线下安排优秀教师进行示范，课后与参训教师深入交流，分析并回答教师的问题；线上录制优秀教师教学经验分享视频，其他教师可以随时随地观看学习。这种形式能够满足更多教师的多样化需求，做到线下培训和线上答疑相结合，真正做到为参训教师答疑解惑，全方位为教师双师课堂教学提供专业的指导。最后，可以组建培训问题交流群等，及时、有效地解决各位教师的问题和疑惑。针对采访中教师反映的同步课堂没有成熟的案例可以借鉴、教师实践只能自主盲目探索及学科教师信息化技能缺乏的问题，应提升教师培训的针对性，提供理论与实践相结合的教学指导。

6.1.3 建立统筹协调机制，合理安排双师课堂实践

双师课堂教学旨在通过优质学校帮扶薄弱学校，促进两端学校协同发展，促进两端师生共同进步，因此学校、教师、学科、年级等的选择显得尤为重要。

1. 关于对接学校遴选

为了避免对接学校协同不便、动力不足的问题，相关部门在遴选对接学校时，需要进行统筹协调、综合考虑。一般来说，需要考虑以下几点：①为便于教育主管部门统一协调，尽量选择同一区域的城乡学校，便于两端学校统一步调和沟通交流。②两端学校要有适当的教育差距，以体现优质学校帮扶薄弱学校的必要性和可行性。③学校遴选以自主申请为主，遵循自主申请和区域推荐相结合的原则，旨在发挥"志愿军"的主动性优势，避免因被迫强制而导致的消极应对。

2. 关于教师遴选

为了实现双师课堂优质智力资源共享、促进两端教师协同发展的目标，也为了保障教师参与双师课堂的动力和意愿，在进行教师遴选时，需要从以下方面考

虑。①主讲学校要进行严格选拔，选择主动、有意愿、负责、有情怀、优秀、有能力、有钻研精神的教师作为主讲教师，以便更好地发挥优秀主讲教师的示范和引领作用，帮助远端学校教师成长，为远端学校培养优秀的教师队伍，增强远端学校发展的自造血能力。②远端学校则需要尽量选择年轻、有热情、信息化教学能力较强的教师作为远端学校教师。

3. 关于学科选择

在双师课堂实践中，学科的选择尤为关键，选择不当，难以调动学校的参与积极性。因此，学科选择需要紧扣帮扶薄弱学校提升教育质量这一宗旨，结合远端学校缺师少教的实际需求来确定学科。若远端学校主要是为了解决专业教师缺乏，音乐、美术等课程开不齐、开不好的问题，可以根据需要选择常态化开展同步课堂或专递课堂，共享优秀教师的智力资源。若远端学校主要是为了提升教师的教学能力，解决语文、数学等课程开不好的问题，可以采用名师课堂或同步教研形式，即由主讲学校优秀教师围绕教学重点、难点、热点等进行专题教学示范，远端学校教师观摩学习、交流研讨。这样，一方面，可以实现教学经验的分享，促进远端学校教师的发展；另一方面，可以使远端学校的学生接受名师的点化，开阔思路。此外，为了增进两端师生的情感交流，可以组织现场送教活动，并适当提高送教频率，发挥线上与线下贯通的优势，提升同步课堂的城乡帮扶效果。

4. 关于年级选择

因音乐、美术等学科的学业压力不大，无须过多关注两端学情的差异，因此在保障同步课堂教学环境符合学生身心健康与安全标准的前提下，可以适当降低学段，使远端学生从小就得到优秀的专业教师的指导，从而提升其综合素养。对于语文、数学等学科而言，如果以同步教研为主，在频率不高的前提下，也不必过多考虑学生的学段，可以覆盖不同学段。

5. 关于教师送教

在双师课堂教学过程中，师生分离，相互的熟悉程度较低，影响了远端学生参与课堂活动的积极性。适当提高主讲教师送教的频率，增进两端师生的感情，在一定程度上可以增强学生参与课堂的积极性。正如有教师所说："目前，我们下乡教学的次数比较少，一个学期大概就一次，如果多下乡几次，和远端学生更熟悉一些，双师课堂的教学效果可能会更好一些。"未来，双师课堂的开展，可以采用增加远端学生和主讲教师面对面接触次数的方式，培养师生情感，提高远端学生课堂的参与度和积极性，进一步提升双师课堂教学质量。

6.1.4 优化双师课堂环境，为双师课堂多元交互提供支持

双师课堂的开展以网络为中介，理想的教学交互情境应是自由的、无障碍的，以保障交互中信息的畅通和准确传达，促进双师课堂远程交互中概念交互的发生。此外，双师课堂以同步多元交互为重要特征，这就对教学环境的交互支持提出了较高的要求。根据远程学习教学交互层次塔理论，教学环境的交互性需要能够有效支撑界面交互、信息交互和概念交互三个层次。对界面交互的支持包括学生控制、自适应、信息推送、便捷性、学习监控、情境性；对信息交互的支持包括学生控制、自主选择、参与活动支持、协作学习支持、交流支持、反馈支持、学习指导支持；对概念交互的支持包括支持自我知识管理与创新、表达支持、自我评价支持和反思支持。结合双师课堂中学生不直接参与界面交互，信息交互以异地师生、生生人际交互为主的特殊性，双师课堂教学环境的交互性应包括自适应、信息推送、便捷性、学习监控、情境性、临场感、参与活动支持协作学习、交流支持、反馈支持、学习指导支持等方面。但双师课堂教学环境网络不畅、远程教学系统功能欠完备等诸多问题，难以支持双师课堂中的界面交互、信息交互、概念交互等，会影响远端学生的课堂融入感和参与积极性，制约了深度学习的发生。双师课堂因环境建设出现问题的主要原因有三个方面：①资金短缺；②缺乏明确的双师课堂环境建设标准；③技术支持不到位。因此，基于以上问题，我们提出以下优化双师课堂环境建设的策略。

1. 政企校多方联合，共负教育担当

双师课堂的正常开展，需要良好的设备环境、充足的教具、功能完善的设备等。教育问题的解决，不仅要靠学校教师的努力，也需要来自社会的资金保障、人才投入的支持，并形成合力，共同推进教育事业的发展，改善双师课堂设备的

规格和功能。因此,可由政府主导协调,充分发挥企业等社会力量的资金优势,创新资金筹措机制,教育部门、企业、社会形成合力,共同承担教育费用,加大资金投入,缓解政府压力,全力保障双师课堂的基础设施建设,为双师课堂网络带宽、设备性能等基础环境的改善提供支持和保障。例如,政府可以与移动公司、电信公司、联通公司建立长期合作关系,引导企业承担社会责任,解决双师课堂网络的带宽问题,必要时在偏远地区学校铺设高速教育服务专网,保证双师课堂实践顺利开展。

2. 制定双师课堂教学环境标准,创建功能完备、易用、安全的教学环境

当前,尚缺乏双师课堂教学环境建设标准,导致教学系统功能、设备性能、规格指标等难以有效支持双师课堂教学实践,不仅增加了教师的操作负担,影响了教师对教学的组织,而且对学生的身心健康产生了负面影响。这就需要相关部门在以下几个方面着手。

1)在国家层面,从人体工学角度出发,设计科学、合理、安全的双师课堂教学环境建设标准,为各地建设双师课堂教学环境提供参考和指导。

2)互联网企业联合政府、高校、科研机构等开展需求调研,在此基础上加强技术研发,协同设计与开发符合双师课堂教学需求的教学系统,提高学生学习环境的舒适度,使师生之间的交互更加快捷、方便。具体而言,可以从界面交互、信息交互、概念交互的支持性三个方面,增强双师课堂教学环境的交互性,优化环境功能,保障系统操作的便捷性、界面友好性、人际交互的支持性,以增强用户体验。例如,可以实现两端屏幕共享,方便两端师生、生生互动;实现摄像设备的智能化,支持对学生表情和动作的实时捕捉;支持主讲教师及时了解远端课堂情况。根据自适应、信息推送、学习监控、反馈支持、学习指导支持等方面的需要,在技术研发方面可以融入人工智能、虚拟现实、大数据等先进技术,使教学环境具备对教师教学、学生学习过程的动态跟踪、实时评价、智能预警与干预等功能,促进学生深度学习和概念交互的发生。

3)教育主管部门及学校应严把系统设备质量关,保障双师课堂教学系统的高规格。例如,针对电子屏幕对学生视力的影响等问题,选用安全护眼材料,建设优质电子屏或一体机,减轻电子设备对学生健康的侵害,或采购规格更高、材料更优质的电子屏幕、一体机,支持教学活动,同时保护学生的视力,提高学习环境的舒适度。

3. 加强技术支持，保证双师课堂教学环境的技术运维

针对双师课堂实践过程中的技术支持和运维保障不足问题，需要组建专业的技术支持队伍，明确运维任务的范围，制定技术运维规范标准，加强运维质量考核，保障运维服务的及时性和高效性。例如，技术支持队伍可以由电教部门、企业、学校多方协同，技术支持内容不仅应包括软硬件操作、设备维护升级等服务内容，还应包括设备保养及学校相关人员培训等。技术支持还可以通过建设技术运维平台、支持人工客服、自主查询服务、定期现场运维服务等不同形式实现。例如，政府可以牵头与第三方技术公司合作，按时按需为学校提供软硬件操作、设备维护升级等技术服务，定点针对偏远地区学校，开通学校专栏业务，为远端学校提供与第三方技术公司联系的渠道，如设置人工客服专门解答技术问题，以保证有效、及时的沟通。此外，第三方公司还可以建设自服务平台，针对设备出现的简单问题，远端学校可以通过平台查询解决，通过多种方式加强技术支持，保障双师课堂教学环境技术运维的质量和效率。因此，当地教育部门应高度重视，各级学校积极配合，组建技术支持队伍，提高技术人员的技术支持力，全面保障双师课堂实践的顺利开展。总之，双师课堂的有序开展，需要加强环境建设、创新体制机制、优化培训体系、合理遴选学校和教师，并有效组织，这样才能促进双师课堂的顺利、持续与高效开展。

6.2 双师课堂教学策略

针对双师课堂教学中双师协同不足、对两端学生兼顾不够、课堂难以调动学生的积极性、远端学生课堂参与度不够等问题，本部分主要从"协同""交互"两个角度提出提升同步课堂教学效果的策略，具体包括有效协同策略、公平教学策略、深度交互策略。

6.2.1 有效协同策略

"协同"强调多个元素或个体之间的和谐、一致和合作。协同也强调主动与受动之间的交互作用和不同元素之间的动态互动、相互影响。双师课堂的本质为双师教学，涉及主讲教师和远端学校教师，两端教师的和谐、一致、合作、交互、相互影响是保证双师课堂教学效果的关键。双师课堂教学实践中的"主讲教师独角戏""远端学校教师旁观者""主讲教师负担重""远端学校教师边缘化""主讲教师主控课堂""远端学校教师依赖心理"等现象的出现，均反映了两端教师的协同不足，两者缺乏分工合作、交流互动，没有真正实现双师所应达到的协同效果。协同低效的主要原因有：①各主体的协同意识不强，协同动力不够；②协同知识不全，协同能力不足；③协同规则不明确，协同职责不明晰，协同工具缺乏等。其主要涉及协同时机、协同主体、协同客体、协同工具、协同规则、协同职责等多个方面。因此，要促进有效协同，需要多点着力。具体来看，包括以下几个方面。

1. 全程协同实践

虽然双师课堂的重点聚焦于课中环节，但实际上课前、课后的工作也尤为重要。因此，双师课堂实践应在全程视域之下开展。基于教学全程化视角，双师课堂有效协同应始于"课前协同备课"，经过"课中协同教学"，终于"课后协同评价反思"，需要不同环节的耦合，环环相扣，形成封闭的循环。例如，在课前协同备课阶段，因两端教师缺乏双师课堂教学经验，需要专家指导；主讲教师不熟悉远端学生的学情，需要远端学校教师协助；远端学校教师不了解双师课堂安排，需要参与协同。课前协同不充分，会影响双师课堂教学的实施。在课中协同教学阶段，因主讲教师很难兼顾两地课堂，需要远端学校教师配合。在课后协同评价反思阶段，要实时了解教学效果，反思教学不足，优化教学策略，两端教师与专家协同分析。可见，双师课堂以全程实践为主线，以协同备课为基础，以协同教学为核心，以协同反思为补充。所有人员需要协同应对双师课堂提出的挑战，在实践中不断探索、积累经验、解决问题，促进教学质量的提升，促进基于双师课堂的城乡教育优质均衡和教育公平目标的实现。

2. 多元主体协同

双师课堂教学的高效推进，不仅需要两端教师协同，还需要多方主体参与，以从理念引领、教学指导和技术支持等方面为双师课堂教学提供全方位的保障。因此，双师课堂的协同还表现出主体多元性特征，且在不同阶段，表现出多方主体在双师协同备课的过程中分别发挥不同作用，承担不同职责。

首先，协同备课是双师课堂协同的开端，也是保证协同教学高效实现的关键。课前教师协同备课不足的主要原因在于，教师缺乏协同意识，没有明确协同职责，未掌握协同方法等。因此，协同备课的高效开展，需要多方协同主体的积极参与。两端教师是核心协同者，但面对双师课堂的特殊性，双师尚缺乏备课经验，需要得到专业引领和指导支持。因此，该阶段的协同主体不仅包括两端教师，还应包括高校专家、区域教研员、一线骨干教师等。其中，高校专家主要提供双师课堂教学设计的理论指导和方法指引；教研员主要从学科角度提供教学方法指导；一线骨干教师则主要分享教学经验，为两端教师提供实践指导。两端教师开展双师课堂教学设计，具体如撰写教案、设计开发资源等。在此过程中，两端教师也应有明确的分工与合作。

其次，两端教师是主要协同主体，双师之间的协同一方面能够弥补主讲教师难以同等地兼顾两端学生的问题；另一方面，也能够使远端学校教师的协同主体价值得以体现，帮助远端学生深度参与课堂。例如，在整个教学过程中，远端学校教师始终承担着鼓励本地学生积极讨论、指导学生正确实验、给予学生即时反馈、实时解答学生的疑惑、及时向主讲教师汇报远端学生的学习情况等工作，远端学生能从多个方面感受到辅助教师的存在，有利于提升远端学生的学习效果。

最后，在课后协同评价反思阶段，两端教师仍然为协同主体，共同分析两端班级的教学效果，总结教学问题，但教学改进策略的制定离不开专家的助力。因此，高校专家、教研员等也应作为该阶段的主要参与主体，围绕双师课堂实践问题进行深入探讨、开展教学研究，共同总结双师课堂教学经验。

3. 明确协同职责

多元主体参与协同的任务是多样的。双师课堂协同不足的主要原因之一，是对双师协同本质的认识不深入，没有明确自身的角色和地位。因此，双师需要明晰自身的协同主体地位，清楚不同环节的协同职责。

协同备课不是简单的交流沟通，而是一项系统工程，涉及多个要素，因此各参与主体之间的协同覆盖教学设计的各个环节和要素，如学情分析、目标确定、内容选择、模式选择、活动设计、评价设计等。这就要求协同主体具有系统的协同思维，明确各自的协同任务，以科学制定教学设计方案为目标进行全面、全程和深度协同。主讲教师需要摒弃"大包大揽"的备课习惯，远端学校教师需要摆脱"听从安排"的心态，围绕教学设计中的盲点、疑点、不确定点等进行深入交流。同时，这也要求高校专家、教研员从自身的优势出发，为两端教师解决困惑提供理念引领和方法指导。例如，对主讲教师而言，在协同备课中需要积极主动地联系远端学校教师，了解远端班级的进度、学生的学情，以及教学方案对远端班级的适应性，并进行修改和完善。对远端学校教师而言，协同备课中需要主动了解主讲教师的教学设计方案，明确自身在课前、课中不同环节的具体任务分工，明晰教学过程及活动安排，提供关于本地学情等方面的信息反馈。同时，远端学校教师还需要做好本地的课前准备工作，例如，结合本校学情开展以备教材、备学生和备配合为主的二次备课，对主讲教师设计的教学方案不合适的地方提出意见，对主讲教师提供的教育资源进行"增、删、补、改"，形成个性化的使用方案，完成优质资源的校本化，组织学生进行课前预习，预测本地学生在参与课堂过程中可能遇到的困难，并提前进行知识铺垫或预案设计等。①

协同教学不是主讲教师的独角戏，两端教师需要相互配合。这就要求主讲教师在统领整个教学流程、把控本地课堂的前提下，为远端学校教师赋权，将某些特定的环节或活动交给远端学校教师进行组织管理，发挥远端学校教师的在地化优势，弥补自身难以全面兼顾远端班级的不足。远端学校教师则要改变旁观者的角色定位，明晰教学过程及活动安排，明确自身的职责和任务分工，主动配合主讲教师协同教学，持续跟踪教学活动流程，充分发挥监督、配合、组织、引导等作用，承担向主讲教师实时反馈本地课堂教学进展的工作，对本地课堂进行有效的组织与管理，保证教学活动的顺利实施，调动学生充分参与活动。

在协同反思中，针对双师协同反思问题，两端教师需要在加强沟通交流的基

---

① 张辉蓉，俞献林. 混合同步课堂促进基础教育优质均衡发展的现实价值和实践逻辑——基于成都七中混合同步课堂的实践探索[J]. 中国教育学刊，2024（4）：1-6.

础上，着重围绕教学设计、教学过程、教学效果三个方面，从亮点与不足两个角度进行反思。①关于教学设计的反思。教师可以反思教学设计是否充分关注了两端学生的学情差异；教学目标是否清晰、合理；教学内容的难度是否适合大多数学生；教学活动设计是否丰富且有助于教学目标的达成；教学评价方式是否合理等。②关于教学过程的反思。主讲教师反思要关注对教学内容重难点的突破、教学时间的把控、与两地学生的交互、与远端学校教师的配合情况，学生的课堂参与度、课堂氛围，以及自身在教学过程中有哪些成功的经验和不足，远端学校教师在哪些方面存在不足等。远端学校教师的反思要关注本地学生的课堂参与度、课堂氛围，还要关注自身在教学组织和配合过程中的成功和不足之处，主讲教师教学的成功与不足之处，重点要学习与借鉴主讲教师在教学方式方法等方面的长处。两端教师还需要反思教学过程中各自的交流是否及时、配合是否默契、下达的任务指令是否简单清晰，方便学生理解和执行等。③关于教学效果的反思。教师主要反思两地学生的教学目标达成情况，以及教学设计与教学实践的差距，并提出改进和完善的策略与方法。

4. 优化协同工具

双师协同教学的高效开展，需要功能完备的协同工具的支持，即不仅要能够支持协同主体之间的实时交流沟通，而且要具备双师课堂协同备课、协同教学和协同评价反思的功能。这就既对双师课堂教学系统的功能提出了要求，又对协同主体的协同工具选择与运用能力提出了要求。就双师课堂教学系统功能来看，该平台要支持双师课堂协同备课、协同教学和协同评价反思，就应集成多种应用，以满足具体的协同需求。例如，在协同备课和评价反思模块，平台应具备视频会议、聊天、协同编辑文档和课件、思维导图等功能，同时具备问卷、测试题编制，资源制作、上传、下载、调用、分享等功能，支持两端教师开展学情分析、资源制作等。协同教学模块除具备视频会议等功能之外，还应支持异地文件的互传，便于两端学生作业实时呈现，主讲教师对作业的实时点评，避免主讲端画面能异地共享但远端画面难异地共享的弊端。除双师课堂教学平台自带的协同功能之外，两端教师也可以根据自身的需要，基于易用、可用、实用等原则，合理选用即时通信工具、协同编辑工具，以满足多样化的协同需求。

5. 明晰协同规则

由于双师课堂的课中教学时间是有限的，高效、顺畅的协同就需要有一定的规则作为支撑。协同主体要在明确自身协同职责的基础之上，明晰协同的规则。双师协同规则是具体、全面的，不是空泛的描述，而是要将协同的内容、协同的方式、协同的注意事项等具体呈现出来。

在课前协同备课环节，具体包括备课的时间、地点、形式（线上或线下）、内容，以及各自的任务分工、备课结果的展现形式、备课中的交流注意事项等。在课中协同教学环节，具体包括课堂纪律的维护规则（维持纪律的口号和手势）、课堂交流的言语和动作规则（上课口号、指令、沟通关键词、沟通交流的手势动作）、课堂教学规则（教学任务分工、课上反馈方式、课上学生监测方式、课上点名提问方式等）、课中技术使用规则（技术工具使用的时机、类型、时间节点等）、课中指导学生规则、课中互动规则等。在课后反思环节，具体包括课后反思的时间、地点、形式，课中反思的内容维度、深度，以及反思结果的呈现形式等。以上规则是保障两端教师在同步课堂中默契配合、兼顾两端学生的学习情况，并及时给出指导与反馈的基础。

6.2.2　公平教学策略

课堂公平就是教师在课堂中赋予每个学生平等的权利、均等的机会和底线的教育资源，根据每个学生的个体差异因材施教，促进学生全面而自由地发展。[①]在双师课堂中，两端学生均是学习主体，具有平等的资源共享权、课堂参与权、充分发展权。然而，主讲教师难以同等地兼顾两端学生，无法保障两端学生的资源共享、课堂参与和充分发展权力。主要表现为：①备课中对远端学生的学情关注不足；②教学存在顾此失彼、厚此薄彼的现象，评价反思中难以全面深入评价，以上问题会影响课堂氛围和教学效果，导致远端学生游离于课堂之外，两端学生均难以获得全面、充分的发展，也会影响师生对双师课堂价值的认同感。以上问题产生的主要原因在于，两端教师对双师课堂兼顾两地的本质认识不足，缺

---

① 郑惠懋. 课堂教学公平的内涵、问题及对策[J]. 教育评论，2017（4）：142-144.

乏同等兼顾的意识；两端教师缺乏同等兼顾两端学生的能力。美国学者 Tanner 构建了 5 个维度 21 条教学策略来提升学生的学习投入，营造课堂公平，该教学策略被称为"公平教学策略"。这 5 个维度如下：①给学生提供思考和谈论学习内容的机会；②鼓励、要求和管理学生的参与；③为所有学生构建一个包容、公平的课堂共同体；④通过监控教师和学生的行为来培养学生的发散性思维；⑤对课堂上所有的学生进行教学。[①] 5 个维度环环相扣、相得益彰。因此，要保障双师课堂中两端学生的公平参与和发展机会，不仅需要两端教师树立协同意识，明确协同职责，更为重要的是，需要两端教师提升大规模教学能力，在备课、教学、评价环节有效地兼顾两端学生。

1. 学情分析关注两端差异

双师课堂学情分析要兼顾两地，这是由其本身异地同堂的基本特征决定的。学情分析要重点关注以下几个方面。

1）双师课堂学情分析要遵循考虑全面、突出重点的基本原则，主要指向学情分析的内容。其中，考虑全面是指双师课堂学情分析要全面考虑两端学生的初始能力、一般特征和学习风格。

初始能力分析是对学生起点水平的分析，包括预备技能、目标技能、学习态度等。预备技能分析就是要了解学生是否掌握了新学习必备的知识与技能。目标技能分析是为了了解学生是否已经掌握了教学目标中的部分内容，如果所有学生都已经掌握了某一部分内容，教师在讲授时需要适当调整。学习态度分析，要重点了解学生对所要学习的内容是否存在偏见和误解。双师课堂中的学习态度分析还需要了解两端学生对双师课堂的认识、态度及接纳程度等。

一般特征分析是对学生学习产生影响的年龄、性别、学习动机等因素进行分析。这些内容虽然不像初始能力那样与教学有直接关系，但也会影响教师对教学内容、方法策略、教学手段、教学媒体等的合理选择和正确运用。

学习风格是指学生持续一贯的带有个性特征的学习方式的倾向性（也就是教学偏好），包括学生接收、加工信息方式的差异（如视觉型学生擅长记住他们看到的东西，如图形图像、表格和视频等，言语型学生擅长从文字或口头语言中获

---

① Tanner K D. Structure matters：Twenty-one teaching strategies to promote student engagement and cultivate classroom equity[J]. CBE-Life Sciences Education，2013（3）：322-331.

取信息），认知方式的差异（场依存、场独立型）等。

此外，学情分析要重点关注对两端学生的先前经验、已有知识基础、能力基础等方面的分析，通过比较差异，为教学内容的合理选择和教学活动的设计提供依据。

2）双师课堂学情分析要具体明确，体现分析结果对教学的指导性。它主要是指学情分析不能抽象、笼统，要体现以学定教，学情分析结果要成为教学目标确定、教学内容和教学方法选择的主要依据，学情分析结果要用清晰明确的语言描述两端学情，体现两端差异，避免使用套话、空话。

3）影响双师课堂教学安排的因素，不仅包括两端学生学情的差异，也包括两地学习环境、学习条件等方面的差异。因此，为了保障教学活动顺利进行，学情分析也应该明确两端班级的学习环境、学习条件、教学进度等，以作为教学内容选择、教学活动安排的重要参考。

一般来说，学情分析可采用经验分析法、资料分析法、观察法、问卷调查法和访谈法等。经验分析法是两端教师基于已有的教学经验对两地学生的学情进行分析；资料分析法是两端教师基于已有文字材料（作业、试卷、笔记本等）间接了解、分析学生的基本情况；观察法是两端教师在日常教学活动中，有目的、有计划地对两端学生的学习过程进行考察和记录，可以借助课堂观察量表进行记录和分析；问卷调查法和访谈法就是利用已有的或专门设计的问卷或访谈工具，了解学生的兴趣爱好、个性特征、学习方式、学习习惯、已有学习经验和学习期望等。在双师课堂中，主讲教师与远端学生接触少，主讲教师对远端学生的性格、心理、学风等隐性特征缺乏了解。除采用态度量表、观察、会谈等方式进行了解之外，为了获取第一手资料，也可以采取"实地支教"方式，通过面对面的近距离接触，加深主讲教师对远端学生的了解。

总之，双师课堂学情分析要充分了解两端学生的学习进度、学习环境、学习基础、学习态度、学习风格等方面的差异。

2. 课题选择考虑两端需求

双师课堂旨在通过优质资源共享，促进两端学校协同发展。互利共赢是双师课堂的主要追求。两端学校的教学进度、学生水平存在差距，双师课堂教学课题的选择需要综合考虑两端学校的实际需求，既要满足远端学校师生的需要，也要满足主讲学校的实际需要，不能"削峰填谷"，以免出现远端学生"嚼不烂"，主讲端学生"吃不饱"的问题。因此，两端教师在协同备课时，基于两端学生的学情差异和需求，恰当地选择教学内容，就显得尤为关键。从课堂公平的视角考虑，主要表现为以下几个方面。

1）教学内容基于两端学生需求，考虑差异性公平，即针对不同情况，采取不同的处理方式，具体到教学内容选择中，则是指教学内容的呈现要体现出层次性。因为双师课堂异地同堂，决定了教学必然涉及相同的内容和主题，而要考虑两端班级的差异性公平，就决定了教学内容选择的"同中存异"。具体操作时，教师可以基于两端学生的实际需要，选择有共同需求的内容和主题，即选择能给两端学生带来最大收益的内容和主题。但对于某课题之下具体知识点的选择，则要在考虑两端学生差异的基础上，根据教学内容的重难点特征，有选择地呈现，以体现出教学内容的层次性特征。例如，基础性的教学内容为两地学生均需要的教学内容，而拔高性、拓展性的内容则主要面向初始能力较高的主讲端学生。一方面，要避免为兼顾两端而选择简单的教学内容导致两端学生收获感不强的问题。一般而言，可以从某专题中选择教学重点和难点作为双师课堂教学内容。另一方面，要避免为方便操作而采取一刀切现象的出现，即教学主题确定后，具体教学内容的选择要结合教学内容的重难点分析来确定。根据两端学生的知识基础和能力水平，选择可能的教学难点，确定分层内容。例如，同一节英语课，对于主讲端学生来说，教学难点是能够熟练运用表示方位的短语和句子进行对话；对于接收端学生来说，教学难点是能够正确读出所学的表示方位的单词，并熟练运用所学短语和句子进行对话。

2）教学内容基于两端学生需求，考虑发展性公平，即双师课堂内容选择要在保障全面照顾的基础上，以尊重两端学生的个性化发展为目标。因此，要切实选择有助于两端学生共同发展的主题或内容，考虑学生的发展性公平问题。在具体操作层面，教学内容选择可以教材为依据，适当结合两端学校所在地域的特色或本土文化，进行内容的创意性补充。例如，某远端学校充分利用井冈山丰富的革命传统教育资源，把井冈山精神这个独一无二的特色教育资源和学校多年来的德育教育优势相结合，开发成以"讲故事，进行革命传统教育"为主题的网络拓展课程，利用双师课堂的形式共享给其他学校。以上方式不仅丰富了课程内容，促进了课程学习与学生生活经验的联系，促进了当地或学校特色课程的形成，而且改变了主讲学校作为优质资源输出端的单一角色，也帮助主讲端学生开阔了视野，满足了主讲端学生的发展性需求。

3. 目标设定兼顾两端基础

教学目标确定是教学设计的关键。在促进学生全面发展的教育目标的指引下，教学目标包括知识与技能目标、过程与方法目标、情感态度与价值观目标。其中，知识与技能目标是指人类生存不可或缺的核心知识和基本技能；过程与方法目标中的"过程"是指应答性学习环境与交往体验，"方法"是指基本学习方式和生活方式；情感态度与价值观目标是指学习兴趣、人生态度、个人价值与社会价值的统一。教学目标的确定应基于学生当前的知识基础与能力水平，以维果斯基的最近发展区理论为指导，制定合适、恰当的教学目标，避免目标太高而难以达到，太低而缺乏挑战性。具体而言，教学目标可以包括课程目标、单元目标、课时目标等。教学目标的表述应具体、明确，具有可操作性，这就要求目标表述时应使用可观测的行为动词，避免表述抽象、笼统、空泛。

双师课堂的教学对象包括主讲端学生和远端学生，两端教师确定教学目标时，需要做到以下几点。

1）协商确定教学目标。课前，两端教师可借助 QQ、微信等通信工具进行充分的沟通和交流，在明确两端学生基础知识、能力水平、学习风格、个性特点等方面的基础上，根据两端学生的学情差异来确定教学目标。

2）基于两端学生的差异确定教学目标。若两端学生学情的差异不大，两端教师可以设计两端均适用的教学目标；若两端学生的学情差异较大，两端教师需要根据学生的实际情况设计分层教学目标，促进两端学生的发展。例如，在同一节英语课中，由于两端学生口语表达能力存在差异，教学目标就有一定的不同。对于主讲端学生来说，知识与技能目标是不仅能够正确读出所学的表示方位的单词，还要能够熟练运用表示方位的短语和句子进行对话。对于接收端学生来说，知识与技能目标是能够正确读出所学的表示方位的单词，对口语表达及对话不做过多的要求。所以，两端教师在确定教学目标时，一定要综合考虑两端学生之间的差异。

3）重视对远端学生情感态度与价值观的培养。在双师课堂环境中，由于网络的限制，远端学生与主讲教师和主讲端学生均缺乏情感交流，且远端学生多内向、胆怯、羞于表达，自信心的培养、内在的学习动力和学习兴趣的激发等就显得非常重要。因此，在进行教学目标设定时，不能仅关注知识与技能目标，还应重点关注对远端学生思维的培养和情感态度与价值观等目标的实现，以激发学生的学习兴趣，帮助学生树立远大理想，培养学生的自信心等。总体来看，教学目标确定需要注意以下几点：①两端教师协商确定，综合考虑两端学生的差异；②教学目标表述要具体、明确，具有可操作性；③教学目标的确定需要综合考虑知识与技能、过程与方法、情感态度与价值观。

4. 依托活动促进参与公平

促进两端学生积极参与课堂、实现深度学习，是双师课堂教学的主要目标。教学活动作为课堂教学的主要载体，既为学生参与课堂教学提供了机会，也为促进深度学习的发生提供了抓手。双师课堂教学存在远端学生互动机会少、参与深度不够、参与热情不高等问题，主要原因如下：①双师课堂实践是基于网络环境进行的，远端学生缺乏临场感；②双师课堂的教学活动形式单一，或远端学校教师不了解活动规则，难以激发其参与热情。

参考建构主义学习理论关于学生是学习的主体，学习是学生在真实情境中以先前经验为基础在协作对话过程中实现意义建构的过程的观点，以及 Moore[1]、Brown 和 Voltz[2]等关于课堂师生、生生交互的观点，双师课堂学习活动设计要以增强学生的学习体验、激励学生积极参与为目的，要有理想的交互情境、明确的活动规则，还要保障学生有平等参与活动的机会，能够获得反馈，支持学生参与生生协作和同伴互评活动等。双师课堂学习活动的设计与组织，需要基于课前、课中、课后三个环节，从课前良好活动设计、课中有效活动组织、课后及时活动评价等方面着力，以兼顾两端学生的积极参与为目的，精心选择适宜的活动类型，全力做好活动组织的前期准备，设计活动流程，明确活动规则，努力营造促

---

① Moore M G. Three types of interaction[J]. American Journal of Distance Education，1989（2）：1-7.

② Brown A R，Voltz B D. Elements of effective e-learning design[J]. The International Review of Research in Open and Distributed Learning，2005（1）：1-8.

进积极参与的环境氛围，做好活动实施过程中的组织管理，促进学生的认知发展和深层学习。

教学活动涵盖课前、课中、课后等不同阶段，主要活动类型包括讲解、师问生答、生问师答、生讲师评等，如表 6-1 所示。由于双师课堂的特殊性，同样的活动类型在双师课堂环境下也会有新的要求。教师在选择活动类型时，要考虑活动是否适合双师课堂环境，在双师课堂环境中实施是否存在困难。例如，合唱、两地齐声朗读等活动，会受到网络延迟的影响，以上活动类型就要慎用。课堂活动的主要目的是调动学生的参与，促使学生在参与中实现发展。因此，活动类型的选择，还要考虑是否能够充分调动两端学生认知、行为、情感三个方面的全方位参与，这就需要选择讨论、游戏、展示等能够体现学生主动性，促进生生、师生深度交流和互动的活动类型。

表 6-1 师生互动活动类型

活动类型	详细描述
讲解	主讲教师与远端学生分隔屏幕两端，且有时会出现网络卡顿、延迟等问题，所以主讲教师在讲解时要注意语言表达清晰、指令下达准确
师问生答	主讲教师在提问时，需要注重问题的启发性和引导性，尽量设计开放性问题，以促进学生对知识的理解和掌握，充分调动学生积极参与
生问师答	两端学生可以针对学习过程中的疑问或困难主动提出自己的见解和看法，主讲教师及时给予答复和鼓励，以培养学生的学习兴趣和信心
生讲师评	两端学生进行展示分享活动后，主讲教师需要对学生的表现进行及时、有效的评价，以帮助学生知晓自身的优点与不足，促进学生的良好发展

总之，活动设计首先应该适合双师课堂环境，且有助于目标实现，既能够激发学生的兴趣，又能够充分调动学生参与。其次，活动前要进行充分的准备。双师课堂教学设计阶段，不仅要确定活动类型，还要做好活动实施的准备工作，包括课前准备、课中活动准备等。

就课前阶段来说，教学活动主要是指预习活动，由两端教师协商制定课前学习任务单，分发给两端学生，并组织和引导学生预习，检测学生的预习效果等。需要注意的是，在课前预习活动中，远端学校教师除了组织接收端学生完成预习之外，还应该及时将接收端学生的预习情况反馈给主讲教师，以便与主讲教师根据两端学生的预习情况，设计和调整课中的教学安排；主讲教师则根据反馈信息制定相应的教学计划。若多数学生的初始水平不足以理解新学内容，主讲教师需要录制课前学习微课，作为远端学生的课前学习资源，由远端学校教师组织学生在课前学习。

就课中阶段来说，对于不同的活动类型而言，需要准备的内容不同，具体有以下几个方面。

1）关于讲解活动。讲解活动是双师课堂教学经常采用的活动类型之一。在网络环境下，远端学生和主讲教师之间缺乏面对面的交流，没有眼神、表情的互动，主要通过语言进行。由于空间的限制，主讲教师在讲解时，要注意语言表达的清晰、指令下达的准确等。师讲生听是双师课堂中必不可少的一种讲解活动，为了保障两端学生都能够听见、听清、听懂教师所讲内容，两端教师在课前明晰讲解任务的基础上，还需要提前准备讲解的语言，从语言的流畅性、趣味性、明确性等方面要求自己，保证课堂教学中语言的清晰、生动、有序和富有感染力，以激发两端学生的学习兴趣和参与热情。

2）关于提问活动。提问是双师课堂较易实施的交互方式，有效的提问有助于启发学生思考，促进学生对知识的理解和掌握。为了保证兼顾课堂中的两端学生，教师可以从学生的参与机会和个性发展等角度考虑公平问题。

首先，要考虑提问谁，课前两端教师要协商分配学生被提问的频次。一方面，可以确保两端学生都有回答问题的机会；另一方面，也可以保证提问不是无序凌乱的，保障课堂教学有序开展。

其次，要考虑提什么问题，具体包括开放性问题、封闭性问题、事实性问题等。为了启发学生思考，教师设计问题时应考虑不同类型问题的分配比例，且尽可能地通过开放性问题启发学生思考，促进学生认知的发展。

再次，要考虑问题的难易程度。两端学生的基础存在差异，所以问题设计也要结合学生的基础差异进行合理安排。在保障学生参与机会均等的情况下，帮助学生在自身原有水平的基础上获得不同程度的发展。因此，问题难易度的分配尤为重要。一般而言，可以将稍微简单的问题留给远端学生，鼓励他们积极参与，增强他们的自信心，而把难度较大的问题留给主讲端学生，启发他们思考，也可以发挥其引导作用。

最后，要考虑提问之后的适度反馈。提问是一种交流互动，因此提问之后，基于互动的原则，教师应该给予学生一定的反馈。从两端学生的心理感受来看，远端学生获取的反馈多为鼓励、表扬，主讲端学生获取的反馈还包括启发与思考。这种细微的差别，使两端学生在心理上产生了不平等的感觉，远端学生也希望能够得到启发引导和进一步思考的机会。这就要求教师灵活把握提问反馈的方式、内容和预期。面向学生的反馈不仅包括鼓励、表扬，还要结合学生的回答情况给予差异化的回应。例如，如果学生回答得特别快，语气特别坚定，教师首先要给予肯定，然后通过追问让其对这个问题做进一步的解释，以此增进其理解。如果学生回答的是正确的，语气又稍微有一点犹豫，教师同样要先给予肯定，然后根据回答情况适当做一些解释，帮助他对这个问题进行更加深刻的理解。总之，无论是提问的对象覆盖范围，问题的类型、难易程度，还是问题反馈，都要考虑两端学生参与的机会公平性和发展公平性，避免产生新的不公平。同时，主讲教师需要注重问题的启发性和引导性，尽量设计开放性问题，注重对学生自信心的培养，通过平等分配提问机会、鼓励和表扬等，充分调动两端学生积极参与。

3）关于讨论活动。一般来说，讨论活动有三种形式：①自由发言式讨论；②小组交流式讨论；③辩论式讨论。自由发言式讨论是指在主讲教师的主持下，两端学生面向大屏幕，与本地和异地学生开展面对面的讨论，充分调动两端学生的认知、情感参与。在组织自由发言讨论的时候，教师要发挥组织和引导作用，保障课堂活动的有序进行，避免课堂出现嘈杂。小组交流式讨论是指把两地学生分别分成多个小组，小组成员一般以 2—6 人为宜，各组针对明确的主题展开讨论。在小组交流讨论的过程中，考虑双师课堂基于网络的特殊性，尽量避免让两端学生组建小组开展讨论。辩论式讨论就是两端学生围绕某一个主题，分别以正方、反方的形式出现。辩论式讨论可设计为主讲端和接收端辩论赛的形式，即两端学生围绕某话题展开异地辩论，其中，一方为正方，另一方为反方。辩论的组织对辩论话题的要求比较高，话题要具有可辩性。为了保证辩论的正常开展，教师需要在课前为学生提供帮助和指导。

4）关于展示活动。展示活动是两端学生分别上台展示自身成果的活动，能够为学生提供展示自我的机会，增强学生的自信心，还能够促进生生互动，尤其是异地生生互动。一般来说，可以组织两端学生进行展示，充分调动学生参与活动，激发其积极性。但是，开展展示活动，需要主辅教师提前明确展示主题，便于学生提前准备，课上展示汇报。

5）关于游戏活动。游戏能够充分调动两端学生的课堂参与积极性，加强师生、生生互动。课堂游戏的类型多样，如角色扮演、朗读、竞赛等。游戏类型的选择和活动的设计，需要围绕教学内容和教学目标进行，既要能够激发学生的兴趣，也要有利于教学目标的达成。课后教学活动主要包括测试评价、总结反思等。两端教师可以根据教学计划分别对两端学生进行阶段性测试，辅助教师及时向主讲教师反馈学生测试中存在的问题。两端教师共同总结经验，反思教学内容、方法、过程等，并进一步调整教学策略，以改进教学效果。

双师课堂可以组织的活动类型较多。教师可以根据教学需要、教学内容主题恰当地选择活动类型，不仅能够激发学生的兴趣，而且能够充分调动学生参与。学习活动设计还可以充分利用两端学校特色及学生的经验差异，组织基于任务或主题的协作或探究学习活动，为学生提供汇报展示、相互评价等交互机会，充分发挥学生的主动性，帮助学生在多元社会交互中实现意义建构，促进深度学习和概念交互的发生。

课例分析发现，双师课堂教学活动组织中的一个重要问题是远端师生没有明确活动规则。在某节英语课上，教师组织学生进行听单词做动作的活动，主讲端学生做得特别好，参与的积极性也特别高，远端端的学生不知道每个单词对应的动作到底是什么，对活动的游戏规则不是很了解，学生的积极性不是很高。除此之外，主讲教师的指令不清晰也是主要原因，如教师提问时说请那个举手的男生回答，学生面面相觑。以上活动规则不明确、指代对象不明确、指令不清晰等问题，会影响教学的正常进行，耽误课堂教学时间。因此，这就要求教师在进行课前教学活动设计时，在确定活动类型的基础上，要明确每一种活动在具体实施过程中的具体规则，两端教师提前沟通，帮助学生熟悉规则。同时，两端教师要协商活动的指令，尽量做到具体、明确、清晰、指向性强。

总体上而言，教学活动需要两端教师协同设计，根据具体的教学内容、教学目标、教学模式等，灵活设计多样化的能够支撑多元交互、促进学生深度学习的活动，提高远端学生的课堂参与度，激发其参与的积极性。教学活动形式可以更为多样，两端教师可以在设计教学活动设计时采取成果展示与互评策略，针对异地师生、生生交流互动不够的问题，让两地学生分别组成小组，由两端教师分配任务，小组之间讨论交流后分别派代表上台展示小组成果。在展示过程中，异地师生、本地师生开展分享交流，听取教师和其他同学的意见，以改进自身的不足，从而提高学习效果。与此同时，还可以采取辩论竞争策略，针对远端学生的辩证思维、自信心不足等问题，教师可以灵活选取某个主题让两端学生进行辩论等。无论是哪种活动，都要让两端师生在课前明确活动规则，必要时还需要对远端学校教师和学生进行培训，保障课中活动的顺利进行。主讲教师下达活动指令时，要做到清晰、明确，不要使用模糊不清的表达，避免影响课堂教学进度和学生参与课堂的积极性。同时，要充分发挥远端学校教师的组织与配合作用，让其组织远端班级的课堂活动，调动远端学生的参与积极性。

5. 多元评价促进两端发展

在进行教学设计时，两端教师需要进行充分交流和协商沟通，开展协同评价；需要结合教学目标、教学内容、两地差异等共同确定评价方式、评价工具，制定评价标准，开展面向两端学生学习过程和结果的全面评价。

协同评价设计需要考虑到教学评价的四个基本要素。在评价主体方面，遵循多元评价的原则，可以采取教师评价，也可以是学生的自评与互评，因此协同评价的主体可以是主辅教师，也可以是主讲学校和远端的学生。关于协同评价的对象，在设计时，需要注意明确区分主讲端和远端学生，因为两端学生存在差异，目标可能会有所不同，评价方式需要有所区别。

因此，在进行评价设计时，需要明确评价对象，有针对性地设计适合两端学生教学目标的评价方案。当两端的学情差异较大时，可以分层设计教学评价方案，明确评价主体、评价对象等。学习评价还应设置同伴互评、自我评价等方式，给予学生及时、有效的反馈，采用多元的评价方式，而非仅仅用成绩来衡量学习效果。针对双师课堂的特殊性，教学评价设计需要由两端教师协同开展。为了促进双师课堂协同评价的顺利实施，保障评价结果的全面、精准、客观，课前需要主辅教师充分交流和协商沟通，协同进行教学评价设计，可以结合教学目标、教学内容、学生差异，明确评价对象，选择恰当的评价方式，开发相应的评价工具，制定切实可行的评价标准等。此外，双师课堂教学评价设计还需要关注两地学生的差异。双师课堂教学中的两地学生存在差异，为了保证评价结果的客观性和精准性，当对学生的教学目标要求完全一致时，可以使用相同的评价方案；当两地学生的教学目标要求具有层次性时，则需要根据两地学生教学目标等的具体情况分别设计评价方案。以作业和测试为例，可以根据对两地学生的教学目标要求的不同，分别设计分层作业和差异化检测等。

6.2.3 深度交互策略

交互作为一种行为现象，广泛存在于不同的环境和领域。Vrasidas 等认为，交互是某一特定环境中两个或两个以上的行动者之间相互作用的过程。[①]在课堂教学中，交互是教学活动最显著的特征，也是影响学习质量和效果的重要因素。[②]在远程教育领域，基于网络的教师与学生、学生与学生之间的互动也是交互活动，这两种互动又被统称为社会性交互，属于远程学习教学交互层次塔中的信息交互层次。[③]

"深度交互"是一个复合词语，其原始概念起源于"交互"，延伸于"深度"，涉及对交互结果的层次性判断。学者从不同角度对深度交互进行了界定，有的学者采用"交互深度""互动深度"等词语来进行解释。例如，严亚利和黎加厚指出，互动深度在交互数量上是指群体交互次数多，在交互内容上是指参与交流的双方就问题展开讨论，引发反思，逐步完善主题的内涵，促进深度学习。[④]梁云真等认为，应该依据知识建构水平和行为序列维度来评估交互深度，即深度交互具有数量更多的较高维度的知识建构水平行为链。[⑤]可见，深度交互指向了更多、更有意义的交互内容，以及交互过程中是否有更高层次的知识建构

---

① Charalambos V, Mcisaac M S. Factors influencing interaction in an online course[J]. The American Journal of Distance Education，2009（3）：22-36.

② 转引自李静，张祺，苗志刚等. 中学信息化课堂教学交互行为研究——基于质性分析的视角[J]. 中国电化教育，2014（2）：101-107.

③ 陈丽. 远程学习中的信息交互活动与学生信息交互网络[J]. 中国远程教育，2004（9）：15-19，78.

④ 严亚利，黎加厚. 教师在线交流与深度互动的能力评估研究——以海盐教师博客群体的互动深度分析为例[J]. 远程教育杂志，2010（2）：68-71.

⑤ 梁云真，朱珂，赵呈领. 协作问题解决学习活动促进交互深度的实证研究[J]. 电化教育研究，2017（10）：87-92，99.

水平，这也成了判定交互深度的关键性依据。因此，学界普遍认为深度交互是有意义的交互内容和高层次的知识建构，即在互动的结构形式上积极主动、相互连通、形成更紧密的关系，在互动内容上贴近主题、意义丰富、具有更高级别的认知层次，在互动过程中专心集中、转化迁移、呈现出更高水平的知识建构，从而不断引导学习者从浅层认知向深度学习发展。但知识建构作为反映学习者认知程度的内容，是一种内部的心理变化过程，需要通过对外部的学习行为进行测量与分析，进一步对其进行价值判断。此外，还有研究者认为师生互动的本质是一个双主体的、以情感为基础的连续过程，因此深度交互也涉及情感方面的参与。

双师课堂的交互具有特殊性，从交互主体来看，包括本地师生、生生交互，异地师生、生生交互，以及师师交互；从交互环境来看，包括面对面交互和基于网络的远程交互，主体对网络交互的接受度和适应力可能不足；从交互对象来看，异地同堂使班级规模扩大，交互人员增多，人均交互频次会受到影响，本地班级的交互机会会受到影响；从交互心态来看，主讲教师对异地交互的重视程度不够，远端师生参与异地交互的热情不高等。以上双师课堂交互的特殊性决定了双师课堂交互形式的复杂性、多样性及交互深度的不确定性。在诸多交互形式中，师生交互是最主要的交互形式，远端学生参与师生交互，尤其与主讲教师之间的交互情况，在一定程度上是其在双师课堂中学习主体地位的体现，也决定了其认知发展的程度和学习的效果。此外，异地师生交互还对师生的沟通了解和情感互动，以及促进远端学生认知的情感参与，具有重要意义。师生交互尤其以师生对话为主，提问又是师生对话的主要表现，因此课堂中教师的提问对学生参与深度交互有重要影响。生生交互通过学生交流促进头脑风暴和思想共享，还有助于增进友谊、营造团队氛围，远端学生参与生生交互，尤其是与主讲学生之间的交互，在一定程度上影响了其对双师课堂的认同感和归属感，以及参与双师课堂的动力和热情。师师交互是双师课堂特有的交互形式，其主要目的是更好地服务学生、支持学生，促进学生学习。师师交互的层次在一定程度上也反映了远端学校教师在课堂中的地位，会影响其对自身在双师课堂中的角色认同和参与双师课堂的积极性。

当前，双师课堂交互存在的一些问题，会影响两端学生课堂参与的积极性，以及双师课堂的教学效果，具体表现以下几个方面。

1）异地师生交互数量不足，机会不均。远端学生很难获得与主讲端学生同等的交互机会，例如，课堂中由主讲教师发起的交互活动，主要面向主讲端学生，远端学生参与的机会较少，课堂中多作为旁观者角色而存在，课堂归属感和参与感不高，影响了学习效果。

2）异地师生交互质量不高，深度不够。远端学生参与的课堂交互多停留于浅层交互层次，认知、情感等的作用有限，影响了远端学生的课堂体验。例如，主讲教师努力让两端学生有同等的交互机会，但远端学生的交互深度相对不足。以回答问题之后的教师反馈为例，对于主讲端学生，主讲教师会采用启发、引导、追问等方式，促进学生进一步深入思考；对于远端学生，主讲教师主要采用表扬、鼓励等方式结束交互，对远端学生的思维认知的促进作用有限。

3）异地师师交互不足，影响了双师课堂的推进和远端学校教师的参与体验。课堂中，主讲教师把控局面，远端学校教师仅作为辅助者存在，承担一些点名、调试设备、递话筒等工作，远端学校教师的课堂地位无法体现，对自己职业的认同感降低，体验感不好。

在双师课堂实践中，两端教师扮演着课堂把控者的角色，课堂交互在一定程度上是由两端教师决定的，主讲教师占据主导地位。因此，课堂交互深度问题不仅取决于两端教师对双师课堂及其交互特征的本质认识，也依赖两端教师对双师课堂交互的设计与实施，具体表现为教学模式的选择，教学活动安排中对交互的考虑是否充分，互动中对课堂交互形式的选择、交互对象的兼顾、交互过程的组织、交互氛围的营造等的考虑是否周全。

1）从教学模式的角度考虑，是否选择有助于调动学生充分参与，发挥学生主动性的教学模式？

2）从教学活动的角度考虑，是否选择有助于激发两端学生参与热情和交流互动的活动类型？

3）从活动实施的角度考虑，是否从交互主体的多元性、交互主体的外在行为、内在认知与情感参与等方面综合考虑，精心设计活动过程？例如，提问作为主要的互动形式，问题的设计是否有助于激发学生的发散思维，促进学生高水平认知的发展？学生回答问题的机会是否均等？学生是否有足够的时间思考？教师对学生回答的反馈和评价是否有效？

4）是否营造促进各主体"乐于交互、敢于交互"的课堂氛围？

由以上分析可以看出，教学模式的选择较为宏观，可以选择以学生为中心，能够体现学生中心地位的教学模式；教学活动的设计较为中观，可以选择能够促进学生深度交互的活动类型，最为关键的是微观教学活动实施层面的设计，该设计比较复杂，会直接影响学生参与交互的体验和感受。因此，这也是双师课堂交互策略提出的关键。

1. 选择能够支持深度交互的教学模式

课堂中的深度交互，需要以确保学生的课堂主体地位为前提，这就需要两端教师协同备课时，能够结合不同学科的特性，尽量选择能够体现"学生中心"思想、凸显学生主体地位、促进多元交互和深度学习的教学模式。例如，可以采取"讨论式""探究式""项目式"教学模式或者"翻转课堂"等。以探究教学模式为例，该模式是学生在教师的指导下，从学习生活和社会生活中选择和确定探究主题，主动获取知识、应用知识、解决问题的一种教学模式。教学过程以学生的自主探究或协作探究为主，教师在其中主要扮演指导者、引导者和帮助者的角色，学生需要在深度参与和多元交互中，协同解决面对的任务或问题，并展示分享。该模式以学生之间的交互，尤其是本地学生之间的交互为主，以本地师生交互为辅。在学生展示汇报、评价等环节，会涉及异地师生、生生的交互，这就需要双师把握好该模式中本地、异地师生交互的环节和契机，精心设计能促进两端师生认知、情感、行为全面参与的互动活动，促进深度学习。选择双师课堂教学模式时，教师要考虑深度交互，同时也要考虑在双师课堂环境中实施的可行性。鉴于双师课堂特殊的教学环境，讲授式教学也是一种常见的教学模式。该模式以主讲教师讲授、两端学生听讲为主，能够在一定时间内向学生传递较多的知识，但并非学生中心的教学模式，学生在课堂中可能参与的交互活动主要有提问、讨论等。这就要求教师精心设计提问和讨论的具体组织形式，促进学生进行认知、情感等方面的深度参与。

总体上而言，面向深度交互的教学模式选择需要注意以下几个方面：①教学模式实施的可行性；②紧扣教学目标和教学内容，注重调动两端学生的课堂参与积极性；③探索适合不同学科特性的双师课堂教学模式。

2. 选择适合深度交互的活动类型

在课堂教学活动中，有助于促进深度交互的活动类型有提问、讨论、小组合作、展示分享等。其中，提问活动主要发生在教师主导的教学模式中，言语是交互的主要载体，而提问和回答是交互的主要形式，包括本地师生、异地师生之间的提问。讨论活动可以是讲授式课堂中的小讨论，也可以是讨论式课堂中的大讨论。无论哪种讨论，均为以言语为主要载体的互动活动。在小组合作学习中，小组成员面向真实的任务，不仅需要言语互动，还需要更多的行为或者情感互动，小组合作是更能够促进学生深度交互的主要活动，可以根据需要组织本地学生进行协作，促进本地班级内的生生互动；也可以适当组织异地学生之间的协作，增进两端学生之间的交流，促进异地互动。展示分享是小组协作的一个环节，具有促进异地师生互动、生生互动的优势。异地学生主要基于网络开展相互评价，会影响学生的内在心理体验和认知发展。异地师生之间的交流，对于远端学生来说，主讲教师对远端学生的点评可以起到情感上的激励作用。总之，展示分享活动也是一种重要的促进深度交互的活动。

3. 设计能促进深度交互的活动过程

在讲授式教学模式中，提问是促进师生互动的主要形式。但要促进师生深度交互，不仅要准备高质量的问题，还需要优化提问设计，让学生积极参与讨论，促进其认知、情感等的全面发展。具体来说，包括以下几个方面。

1）创设问题情境，以学生已有的生活和知识经验为基础，以真实的问题为导向，创设问题情境，激发学生的兴趣，让学生乐于思考。

2）丰富提问类型。问题类型多样，不仅包括封闭的事实性问题，也包括若何性问题。要促进学生的深度认知参与，就要多提若何性问题，促进学生思考。此外，还可以通过提问促进学生积极思考，获得积极的情感体验，如激励式提问、引导式提问、分解式提问等，在增进师生互动的基础上，引导其积极思考、持续思考，丰富其参与体验。

3）合理分配提问。问题的难易程度不同，两端学习者的基础不同，教学进度和理解能力存在差距，学习者既期望获得答问机会，又对问题感受到压力。因此，为兼顾两端学习者参与提问的平等权利，又要兼顾学习者答问的收获体验，教师既要合理分配答问机会,又要合理规划不同难度问题的分配。例如,对于发散性问题,可以让主讲学生先回答,远端学生进行补充。对于简单的封闭性问题,远端学生优先回答,主讲学生适当补充。此外,提问的合理分配还在于提问时间分配,即要给予学生充分思考的时间,帮助学生树立信心,加强异地学生的情感交流与互动。

4)提供合理反馈,反馈是师生或生生交互的一种形式,表现为教师反馈或同伴反馈。研究表明,教师的反馈会影响学习者的动机、自信和焦虑状况。因此,反馈在一定程度上会影响着学生的参与深度。因此,在提问活动中,学生回答问题之后,教师合理提供反馈显得尤为重要。反馈策略一般包括肯定策略、表扬策略、启发策略、无反馈策略、纠正策略和批评策略。教师在提问学生之后,应该提供策略,多给予其鼓励和表扬,增强学生的自信心,但又不能止于表扬,还应该结合启发策略或者纠正策略,激励学生积极思考。

4. 营造有助于积极交互的环境氛围

积极的课堂交互氛围,在一定程度上依赖师生、生生之间的关系及长期形成的课堂文化。双师课堂中的两端师生不熟悉,要促进两端师生的积极交互,需要两端教师协同营造积极的交互环境和氛围。关于异地师师交互氛围,可以依托双师协同备课,加强双师协作,增强双师交流与合作的意识,养成交流合作习惯。对于异地师生、生生交互,需要借助线上与线下相结合的方式,增进异地师生、生生之间的了解。例如,可以通过将"手拉手"活动与实际教学有效融合、小班教学与跟班教学相结合等方式,为课中的交互奠定良好的感情基础,激发课堂中各主体参与交互的意愿和动力。积极的课堂交互氛围包括民主、平等、尊重、关爱等,这就要求作为教学主体的两端教师遵循民主、平等的教育理念,在与学生交流的过程中,尊重与关爱学生。此外,除文化氛围等软环境之外,还可以借助双师课堂网络教学环境的交互功能,发挥技术在便捷交互、轻松交互方面的优势,实现人-机-人交互,促进深度交互的发生。

第 7 章

双师课堂的实践模式

　　双师课堂实践可以分为中观和微观两个层面，本章基于这两个层面分别对双师课堂组织模式和双师课堂教学模式进行介绍。其中，双师课堂组织模式主要介绍了咸安"双轨制数字学校"管理模式、恩施"三式"破"三难"模式、"五位一体三段式"双师课堂组织模式；双师课堂教学模式主要介绍了同步讲授、同步探究、同步讨论、同步翻转等模式。

7.1 双师课堂组织模式

作为一项由多方协同参与的系统工程，双师课堂要高质量、可持续地开展，离不开科学的组织与管理，这就需要创新课堂组织模式。我国多地通过双师课堂实践，探索出了各具特色、形式多样的课堂组织模式，为双师课堂促进教育优质均衡发展的价值实现奠定了基础。

7.1.1 咸安"双轨制数字学校"管理模式

1. 解决的问题

破解现行教育管理体制制约同步课堂教育实践顺利推进的问题。

2. 采取的措施[①]

"双轨制数字学校"管理模式是华中师范大学王继新教授团队在咸安等多地实践探索的基础上，提炼出的同步课堂组织模式。它是依托虚实结合的双轨制数字学校体制和数字学校平台，让主讲教师通过网络给教学点学生同步上课，解决农村教学点师资短缺，开不齐课、开不好课问题的一种实践模式。其核心要素包括"体制""平台""教学结构"，如图 7-1 所示。

双轨制数字学校的"体制"是指在不改变现有教育组织的前提下，教育主管部门组建专门负责对区域教育信息化的建设、运行和维护进行组织与管理的数字学校。双轨制数字学校设校长 1 名（通常由区域教育主管部门领导人兼任），负责学校的管理工作。校长上设理事会为决策机构，下设教务管理部、教学管理部等若干部门，负责双轨制数字学校课程的编排和管理、中心校和远端学校教师信息技术能力培训、双轨制数字学校设备和平台的维护等日常工作。双轨制数字学校

---

① 王继新，张伟平. 信息化助力县域内教育优质均衡发展研究[J]. 中国电化教育，2018（2）：1-7.

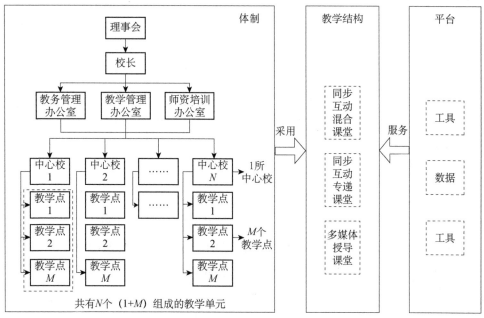

图 7-1 双轨制数字学校结构

的主体是若干个教学共同体，每个共同体由 1 所中心校和 M 个教学点共同组成。

双轨制数字学校中的"平台"是指数字学校运行的技术支撑与条件保障，主要功能包括基础开放平台及总校、分校和校园端，为中心校和远端学校教师、数字学校的管理人员和学生提供教学、学习与管理支持服务，具有同步课堂、网上备课和授课等功能，也可以提供支持教学和学习的各种资源、工具与数据等。

双轨制数字学校中的教学结构包括多媒体授导课堂、同步互动混合课堂和同步互动专递课堂。其中，多媒体授导课堂，是指教师利用多媒体计算机开展授导型的教学活动；同步互动混合课堂是指中心校和教学点通过网络同步开展教学，网络平台将中心校的课堂直播到教学点，教学点的教师主要负责组织本地学生在网络平台上参与学习活动；同步互动专递课堂与同步互动混合课堂类似，唯一的不同在于，中心校课堂没有本地学生，由主讲教师为教学点学生专门授课。

3. 取得的效果

双轨制数字学校以信息技术为支撑，借助信息技术实现优秀师资和优质数字化学习资源的聚合，并通过同步互动混合课堂、同步互动专递课堂、多媒体授导课堂等形式为农村教学点和薄弱学校提供有效的教学支持，实现了基于现有条件的实体学校与基于网络的虚拟学校的有机结合，基于数字资源的本地课堂教学与基于同步互动的异地课堂教学之间的同时并进，使教师和学生能够通过线上与线下的活动相互沟通交流。教师之间交流教学和教研，学生结成学伴共同成长和进步。同时，在虚拟课堂与实体课堂的混合中，教学点学生的学习兴趣明显提高，教师的信息化能力和教学水平显著提升，教学点开不齐课、开不好课的问题得以根本缓解。[①]

4. 特色与亮点

双轨制数字学校在实体学校体制之外，附加了一层独立的体制结构，构成了由决策层、实施管理部门及虚拟共同体组成的体制架构，以更好地实现统一规划和分层管理。双轨制数字学校的特色在于，实现了体制与机制的创新。

首先，体制创新。双轨制数字学校设立理事会作为决策机构，设置教务管理、教学管理、师资培训等多个部门，分别负责学校的教学设备使用与维护、教学应用与评估、学生管理、中心校与远端学校教师的培训和管理等，共同保证学校内部各项工作的正常进行。此外，双轨制数字学校作为一所由地方教育行政主管部门建立和管理的虚实结合学校，包括 N 个由（$1+M$）组成的教学共同体，其中，（$1+M$）是指由一所城镇中心校和 M 个教学点形成的一个教学共同体，N 个教学共同体构成一所双轨制数字学校。中心校负责管理教育局指定的 M 个教学点，承担对相应教学点的直播与互动教学任务，并与教学点共同负责具体的运行和管理工作。

其次，机制创新。双轨制数字学校实现了协同创新机制、应用导向机制和技术支持机制等多种机制的建设与创新。

1）协同创新机制。双轨制数字学校建立了以政府为主导，师范院校、企业、运营商共同参与的协同创新机制，形成了政府投入与企业建设运营相结合、高等师范教育与一线教学融合、网络教学与日常教学融合、网络信息化服务与课堂服务融合的具体机制，营造了教育信息化运行的良好环境，实现了数字化资源在教学点的高度共享和优质教学信息的高效流动。其中，高校研究团队为乡村教育创新提供了科学的理论支持与实践指导；政府提供资金支持和政策保障；企业的技术支持力量保障双轨制数字学校技术支撑平台的常态化运行与维护；乡村学

---

① 王继新，施枫，吴秀圆. "互联网+"教学点：新城镇化进程中的义务教育均衡发展实践[J]. 中国电化教育，2016（1）：86-94.

校是乡村教育创新的实践场域,借助外部力量,进行积极探索与实践。

2)应用导向机制。双轨制数字学校充分利用信息技术,并整合教育产业、科研力量,以区域基础教育均衡发展需求为基准,紧紧围绕教学点开齐课、开好课所需的服务展开各种教学应用的设计与开发。

3)技术支持机制。相关部门整合现有市场力量做好硬件维护、软件使用、网络通信技术等方面的工作,保障双轨制数字学校能够正常、持续、稳定地运行。

7.1.2　恩施"三式"破"三难"模式

1. 解决的问题

该模式旨在解决乡村地区教师数量不足、水平不高、教学条件差等导致的教学点开不齐、开不好课,影响我国义务教育均衡发展的问题。

2. 采取的措施[①]

恩施"三式"破"三难"模式是华中师范大学王继新教授团队在湖北恩施等地通过开展"'互联网+'教学点"实践探索,为了针对性地破解乡村教育发展难题提出的。

1)同体式同步课堂:解决教学点教师不足、开不齐课的问题。同体式同步课堂,即以优质学校带动薄弱学校、中心校带动农村教学点,将一个教学点的一个班与中心校相同年级的一个班级结为共同体,由主讲教师统一授课,实现教学点学生与乡镇学生共享优质教育资源,破解教学点没有教师、开不了课的难题。同时,对城市和乡镇优质学校与教学点相同年级的一个班级的教材、课程、课时、管理同步安排,通过同步课堂实现"点、校、班级"之间的同步备课、同步授课、同步作业、同步考试等。

2)协作式同步课堂:解决教学点师资水平不高、开不好课的问题。协作式同步课堂可以专门帮助区域内的教师实现学校与学校同步教学研究、同步教师培

---

①　王继新,施枫,吴秀圆."互联网+"教学点:新城镇化进程中的义务教育均衡发展实践[J]. 中国电化教育,2016(1):86-94.

训、管理交流与师生交流活动等，促进校际的文化交流，以及区域内教师信息化教学和管理水平的整体提升，从根本上破解教学点师资水平不高、开不好课的难题。在这里，来自城乡不同学校的教师共同制定协作学习计划，在遵循鲜明性、适切性、价值性和系列性原则的基础上，精心确定主题活动，合理设置并组织协作学习过程，并通过与线下活动的有机结合促进城乡教师的共同发展。

3）支教式同步课堂：解决教学点教学条件差的问题。支教式同步课堂是为了实现优质乡镇与相对薄弱乡镇之间、优质学校与薄弱学校之间的结对，解决农村学校音乐、美术、英语等薄弱学科师资缺乏而导致的开不齐课、开不好课的问题。支教式同步课堂可以促进不同学校教师、师生和学生之间的充分沟通与交流，在合作与探究过程中提高教学效果。

3. 取得的效果

恩施"三式"破解"三难"模式取得了显著的效果，解决了教学点教师不足、开不齐课的问题，破解了教学点师资水平不高、开不好课的问题，解决了教学点教学条件差的问题，有效促进了区域义务教育的高位均衡发展。

4. 特色与亮点

恩施"三式"破"三难"模式是基于恩施当地乡村学校面临的实际难题而提出的，体现了"问题导向"的特色。同时，该模式中的"三式"主要是针对"三难"提出的，具有分类施策、精准突破的特色。例如，针对教学点教师不足、开不齐课的问题，提出同体式同步课堂；针对教学点师资水平不高、开不好课的问题，提出协作式同步课堂；针对教学点教学条件差的问题，提出支教式同步课堂。这种问题导向、分类施策的方式，使得不同层次的教育难题得到解决，既有助于避免"一刀切"的弊端，也有助于提高教育资源的利用率。

7.1.3　"五位一体三段式"双师课堂组织模式

1. 解决的问题

该模式主要解决的是双师课堂组织过程中教育主管部门主导力量发挥不足、技术支持和教学指导不到位，对接学校实践动力不足，以及两端教师的参与热情不高等问题。

2. 采取的措施

"五位一体三段式"双师课堂组织模式是西北师范大学郭炯教授团队对舟曲等多地双师课堂实践进行研究，探索出的一种组织模式。"五位一体"是指政府、教育主管部门（电教部门、教研部门）、企业、高校、城乡两端学校等多方主体构成双师课堂协同团队，旨在发挥政府、企业、高校等多方力量的优势，促进多方联合，形成协同效应。政府、教育主管部门、企业、高校、城乡两端学校在双师课堂组织结构中分别负责领导、协调组织、技术支持、教学指导和教学实践，各司其职，协同推进双师课堂的有效、持续推进。"三段式"是指双师课堂实践采取"专家组织—主讲学校示范—远端学校自组织"的组织策略。该策略基于递减干预的基本思路，将双师课堂的实践分三个阶段逐步推进，旨在逐渐减弱外部帮扶和干预的力量，凸显远端学校的主体地位，使远端学校从被帮扶的边缘逐渐走向中心，不断增强自主发展能力，为远端学校的高质量、可持续发展奠定基础。

3. 取得的效果

通过实施"五位一体三段式"双师课堂组织模式，当地政府和教育主管部门（教研、电教部门）、企业、高校专家均发挥了各自的优势，为双师课堂的运行提供了多方面、全方位的保障。政府及教育主管部门不断优化技术环境，健全保障机制，激发了城乡两端学校及教师的参与动力。高校专家和教研员等提供教学指导，提升了城乡两端教师的双师课堂教学能力，保证了双师课堂的教学效果。同时，也减轻了专家团队和主讲教师的工作负担，体现了远端学校教师的主体地位。总之，这种组织模式促进了双师课堂的高效实施，能帮助乡村教师更新教育理念，促进知识增长、提升专业能力、改变教育情感。

4. 特色与亮点

"五位一体三段式"双师课堂组织模式基于协同理论，实现多元主体之间的有效协同，充分发挥多方力量的优势，实现协同效应。同时，"三段式"组织策略，体现了递减干预的思想，促使双师课堂组织中的外在力量逐步转化为内在力量。

7.2   双师课堂教学模式

　　教学模式是在一定教学思想或教学理论指导下建立起来的较为稳定的教学活动结构框架和活动程序。结构框架强调教学活动的整体结构及各要素之间的关系；活动程序强调教学活动的有序性和可操作性。[①]在双师课堂实践中，教育工作者探索并形成了体现不同教育理念、满足不同教育需求的教学模式，具体包括同步讲授模式、同步探究模式、同步讨论模式、同步翻转模式等。

7.2.1   同步讲授模式

　　同步讲授模式是指主讲教师依托同步课堂网络教学环境，通过口头讲解形式，面向两端班级统一授课，帮助学生获得大量知识。在该模式下，主讲端学生接受主讲教师的面授，能够与主讲教师进行面对面交流，远端学生基于网络实时聆听主讲教师的讲授，并利用同步课堂教学平台和网络技术手段，实现与主讲教师的实时交互。该模式是传统的讲授教学模式在同步课堂教学环境之下的迁移应用，以传递新知或巩固旧知为主要目标。其优势在于，课堂教学效率高，两端学生能在有限时间内获得系统知识。但由于主讲教师以语言讲授为主，且主控课堂的课堂活动形式往往较为单一，两端学生参与活动的机会相对不足，远端学校教师也难以发挥其作为协同主体的作用。因此，同步讲授模式主要适用于基本概念、基本原理等理论性强的知识讲授，多用于复习课或总结课等。

　　同步讲授模式的具体实施分为课前、课中、课后三个阶段（图7-2）。

　　课前阶段，两端教师主要完成协同备课工作。首先，双师协同需开展两端学情调研及差距分析工作，主讲教师可到远端学校与远端学校教师开展实地调研，也

---

　　①   布鲁斯·乔伊斯，玛莎·韦尔，艾米莉·卡尔霍恩. 教学模式[M]. 北京：中国人民大学出版社，2014：9-10.

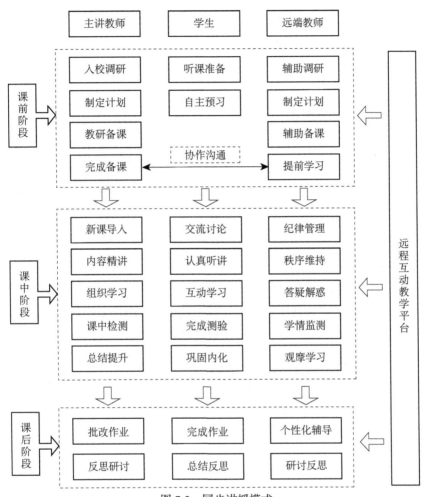

图 7-2　同步讲授模式

可基于网络与远端学校教师交流，了解远端学情，分析两端学情差距。其次，两端教师共同商定教学计划，即基于学情差异，精选教学内容，制定教学目标、教学策略和方法等。协同备课可由主讲教师主导完成教学设计方案，借助远程互动教学平台分享给远端学校教师，远端学校教师结合本地实际情况，提出修改或反馈建议，两端教师协同优化完善形成最终的教学设计方案；两端教师也可以基于网络平台，在线实时研讨，共同拟定教学方案。第三，为弥补两端差距，主讲教师课前还需结合教学需要，向远端学校教师分享学习资源，远端学校教师则需组织学生提前预习，做好课前准备工作。

　　课中阶段，主讲教师主要开展以直播为主的教学活动，主要教学环节包括新课导入、内容精讲、组织学习、课中测验（借助教学协同平台及时追踪学情，做好查缺补漏工作）、总结提升等工作。远端学校教师扮演着主讲教师"协同者"的角色，主要负责远端课堂的纪律管理、秩序维持等支持服务性工作。远端学校教师在双师课堂直播教学的过程中，能做到远端学生学习情况的全程跟踪，而且在空间距离上比主讲教师要近，因此还要承担远端课堂的学情监测、答疑解惑等工作。从学生角度来看，课中的主要学习任务包括交流讨论、认真听讲、互动学习、完成测验、巩固内化等。

　　课后阶段，两端教师各自负责本地班级学生作业的批改，总结作业中的共性与个性问题，对学生学习做好评价工作，同时就教学过程及教学结果中存在的问题进行协商和反思研讨，并根据反馈与反思的结果，为下一次双师课堂教学活动等做好教学计划。远端学校教师课后的主要任务还包括为学生提供个性化辅导，帮助学生弥补知识漏洞，还要在课中、课后进行观摩与学习，进行自我实践与探索，以优化教学方式、策略等。从学生角度来看，课后主要任务包括完成作业、进行自我总结与反思等。

　　以下选取了英语学科的同步讲授教学设计案例，供教学实践者参考与借鉴。

案例 1：同步讲授教学设计案例（英语）

一、基本信息

科目：英语

课题：My name's Gina.

课时：1 课时

教材版本：人教版

授课时间：45 分钟

授课类型：新授课

主讲教师：孙老师

主讲学校班级：中心校七年级一班

远端学校教师：李老师

接收学校班级：教学点七年级一班

教学模式：同步讲授

二、教学内容分析

本课是七年级上册第一单元最后一课时，通过之前数字、问候语的学习积累，本课通过区分"first name"和"last name"，进一步帮助学生熟悉更多的英文名。同时，学会介绍话题的相关表达，如 My name is...，I'm...，My friend is...，Her name is... 这也是学生进行简单英语对话的第一次尝试。

课标中强调培养学生的语言综合运用能力，所以本课教学内容除教材中的文本阅读，还加入了学习方法的渗透，由知识学习层面上升到知识运用层面，以增强学生的自信和跨文化交际意识。

中心校学生注重通过阅读，按要求获取信息，并且能够制作关于"first name"和"last name"的思维导图。

教学点学生更加注重能够将常见的英文名正确区分为"first name"和"last name"，并通过阅读按要求获取信息。

三、学情分析

1. 一般特征

1）七年级学生的年龄在 12 岁左右，通过小学的英语学习，已经掌握了近 400 个单词和简单的句型。

2）小学阶段以培养兴趣为主，因此学生保持了从小学延续下来的学习兴趣。

3）七年级课程内容的设计贴近学生的实际生活，易于学生理解和表达，学生愿意接受。

2. 初始知识与能力水平

在学习本节课之前，学生通过前置任务单已经完成 Section B 2a-3b 部分的词汇自学任务，了解了中英文姓名的不同表达方式，已经掌握了数字 0—9 的英文准确拼读。两校学生出现的共性问题是对中英文"姓"与"名"的表达不够准确。

3. 两地学生学情比较

两地学校学生存在的共性问题如下。

1）英语语言知识储备不足，综合语言运用能力欠缺。

2）学生已有知识、能力水平不同，他们对新知识的接受能力差异明显。

3）学生出于害怕犯错的心理，不敢张口，怯于表达，主动交流的意识薄弱。

两地学校学生存在的差异问题如下。

1）从学生已有知识能力水平角度分析，中心校学生因为已有的知识、能力水平不同，差异更大，分层更明显；教学点学生的能力水平相近，差异较小，英语基础相对较弱。

2）从学生参与学习活动的角度分析，由于生活环境及家庭环境等原因，中心校学生相对于教学点学生的表现更为积极活跃，教学点的学生缺乏自信，呈现出被动、消极接受的状态。

四、教学目标

1. 知识与技能目标

1）能够准确地听、读、写自我介绍的相关单词和短语：friend，China，first name，last name，middle school。会运用句型"My name is..." "I am..." "My friend is..."等关键句型进行表达。（两校学生的共同目标）

2）能够绘制思维导图，呈现文章关键信息及复述文章内容。（两校学生的共同目标）

3）能够模仿和创作自我介绍。（两校学生的共同目标）

2. 过程与方法目标

1）通过小组合作绘制思维导图，体验思维导图对理解英文文章的辅助作用。（两校学生的共同目标）

2）通过绘制学生卡并进行自我介绍，掌握自我介绍的基本方法。（两校学生的共同目标）

3. 情感态度与价值观目标

1）能够体验跨语言交流的成就感，感受英语交际的快乐。（两校学生的共同目标）

2）树立团队合作和创新意识。（中心校学生的目标）

3）培养开口交流、表达的勇气，进而增强自信心。（教学点学生的目标）。

五、教学重难点

1. 教学重点

理解和运用相关表达完成自我介绍。

2. 教学难点

中心校学生：借助思维导图复述文章。

教学点学生：借助思维导图复述文章，主动完成自我介绍的口语表达。

六、教学环节

（一）前置学习

1. 主讲教师活动

1）课前为学生提供在家学习的阅读材料。

2）测试自学内容，根据统计数据与远端学校教师商定教学目标和重难点。

2. 远端学校教师活动

1）课前为学生提供在家学习的阅读材料。

2）测试学生的自学内容，根据统计数据与主讲教师商定教学目标和重难点。

3. 学生活动

课前完成自学内容，并完成纸质测试卷。

4. 媒体资源

通过希沃智能助教网阅功能，上传学生答题卡，平台自动批阅，获取学生答题情况的数据。

5. 设计意图

1）通过学习任务单和课前小组分享，交流完成单词部分的学习，实现课堂基础知识微翻转，培养学生的自主学习能力，提高课堂效率。

2）实现教学决策数据化，根据生成的数据分析，以学定教。

（二）话题导入

1. 主讲教师活动

1）带领学生送给对方学校一首英文歌表演，初步认识双方。

2）播放一段教师与外国友人的视频录像，主要内容为打招呼、介绍自己的简单表达。

3）通过视频内容，引出学习自我介绍的话题。

2. 远端学校教师活动

1）带领学生送给对方学校一首英文歌表演，初步认识双方。

2）组织学生跟随屏幕中的主讲教师参与课堂学习。

3. 学生活动

互送英文歌曲，参与课堂学习活动。

4. 媒体资源

互动白板、移动录播设备。

5. 设计意图

1）课前表演，让学生熟悉互动课堂形式，并以放松的、主动的态度接受新知识。

2）根据学生的年龄特征，为学生设计课堂以外的介入素材，能极大地激发学生的学习兴趣。

3）全英文的视频为学生创设了英语语言环境，能培养学生的语用意识。

（三）设疑引导

1. 主讲教师活动

用三个问题启发学生思考，明确学习目标。

2. 远端学校教师活动

组织学生跟随屏幕中的主讲教师参与思考。

3. 学生活动

根据思考内容明确本课的学习目标。

4. 设计意图

1）以问题作为导向，为能够解锁更多英语交际能力而激发学生的求知欲。

2）问题设置由易到难，使各种英语基础的学生都学有所获。

（四）合作探究

1. 主讲教师活动

1）带领学生完成教材 P5-2a 的内容学习。

2）请学生上前在白板上演示姓和名的分类过程。

3）教师带领学生总结英文姓名的书写顺序，找出教材 P5-2b 中每个人名的姓和名，以强化记忆。

4）规范学生的表达方式，回答问题。

例：Gina is the first name.

Miller is the last name.

随机抽选学生回答，并引导学生朗读。

2. 远端学校教师活动

1）主讲教师演示完，请一名学生进行一次分类活动。

2）跟随主讲教师组织学生参与学习活动。

3. 学生活动

1）小组合作，通过查阅书后单词表和讨论，完成教材 P5-2a 的学习内容。

2）远端学生在远端学校教师的组织下参与姓和名的分类。

4. 媒体资源

1）利用希沃白板展示知识配对活动，完成演示过程。

2）利用班级优化大师完成随机抽选。

5. 设计意图

1）培养学生合作学习的意识，以及主动探究和总结的能力。

2）通过课堂活动增强学习的趣味性，白板演示直观清晰，促进师生互动。

3）整合教材内容，将教学内容和学与练按需结合，使教学资源的利用最大化。

4）规范学生的表达方式，鼓励学生用完整句子回答，培养语感。

5）班级优化大师的随机抽选功能可以抽检学生的学习效果，从而微调教学进度。

6）通过思维导图和关键词，辅助学生归纳段落主要内容，进一步渗透使用思维导图表示逐层逻辑关系。

7）整合教材顺序，引导学生观察与发现、猜想与描述，培养学生主动探究的意识。

8）引导学生进行归纳总结、小组交流、成果分享、互相合作。

（五）能力提升

1. 主讲教师活动

1）限时 5 分钟阅读 P5-2b 的文章，根据思维导图的提示，小组合作完成导图所缺部分，小组间互相分享。

2）以第一段思维导图为例，模仿画出第二、三段思维导图。

3）根据思维导图的提示复述文章。

2. 远端学校教师活动

组织学生按要求在规定时间内完成思维导图并分享。

3. 学生活动

1）在限定范围内积极思考，完成思维导图。

2）两端学生轮流分享，在分享过程中互相学习和借鉴。

4. 媒体资源

利用希沃白板计时器完成倒计时。

5. 设计意图

1）限时阅读，锻炼学生的专注力，提高阅读速度，为以后的中长篇文章学习奠定基础。

2）用思维导图帮助学生培养逻辑思维、锻炼提取文章关键信息的阅读能力，并为日后学生独立构建作文提纲做铺垫。

3）根据提示复述文章内容，是学生知识从内化到输出的能力转变，从而突破重难点。

（六）体验运用

1. 主讲教师活动

1）自己绘制一张学生卡，鼓励学生尽可能多地添加个人信息，小组内进行自我介绍，选出一个最优代表。

2）教师将每组最优学生卡上传到屏幕上，为对方学校学生做自我介绍，由对方学校学生选出最喜欢的学生卡和自我介绍，并说明原因。

3）教师总结，提出改善意见。

2. 远端学校教师活动

1）组织学生完成学生卡的绘制，并进行小组交流，每组选出一名最优代表。

2）教师将最优学生卡上传到屏幕上，同步对方学校的互动活动。

3. 学生活动

1）绘制一张自己的学生卡，并依据学生卡内容向组内成员做自我介绍。

2）在组内选出一名最优代表为双方学生展示。

3）双方学校学生选择最喜欢的学生卡，并说明原因。

4. 媒体资源

希沃移动助手辅助上传学生卡片，以便展示。

5. 设计意图

1）为达到学以致用的目的，学生绘制的学生卡包含本节课的语言点复习，使他们体验用英语交流的快乐，丰富教学内容的表现力和外在张力。

2）双方学校学生互评和教师总结，增强生生互动与师生互动，训练学生的辩证思维。

3）手机拍照投屏小组作品，让成果展示直观化，实现资源推送智能化。

（七）总结归纳

1. 主讲教师活动

1）在课程结束前，教师再次带领学生复习本课的语言点。

2）布置作业：为家人做一张身份卡片。

2. 远端学校教师活动

引导学生总结归纳，复习新知。

3. 学生活动

以思维导图为索引，回顾本课的重点知识。

4. 媒体资源

用希沃白板展示思维导图。

5. 设计意图

1）使学生从动态的课堂互动中沉静下来，回顾语言点，养成及时复习的好习惯。

2）作业体现了本节课的知识回顾，也为第二单元的家庭成员学习奠定了基础，起到了承上启下的作用。

七、教学评价设计

1. 诊断性评价

两校教师通过课前测试明确两校学生的自主学习效果，通过希沃智能助教提供的数据，了解学生词汇自学任务的完成情况，了解中英文姓名的表达方式的区别和回顾前一课时的数字拼读内容。

2. 过程性评价

主讲教师通过课文复述、自我介绍表达、学生互评自我介绍（语法、设计等）等方式，对本校学生思维导图的学与用、自我介绍表达等能力的目标达成情况进行评价，发现学生在新知应用上的差异，微调上课进度。

远端学校教师配合主讲教师，评价本校学生语言点和能力目标的达成情况，同时通过提问和小组指导等方式，对学生的表现进行评价反馈。

3. 终结性评价

主讲教师在自我介绍的完成度中，通过限时、口语表达、学生卡信息等活动方式，检测学生在已有语言点积累的基础上完成口头作文的表达情况。

远端学校教师在小组合作设计卡片环节，以小组成员互评的方式评价中心校学生制作的思维导图，通过展示汇报的形式对本校学生制作的学生卡进行评价，通过提问了解本校学生对常见英文名"first name"和"last name"的掌握情况。

八、教学反思

1. 教学设计

优点：教学目标切合两校学生的英语基础，从语言学习到应用能力递进式提高，学生基本达到了预设目标。

不足：分层特点设计得不够具体。

原因：对学生的潜力、接受能力的了解不够。

措施：在教学过程中发现，对英语基础好的学生，可以鼓励其整合中小学、前后单元的语言点表达出更多的内容，对基础一般的学生，可以为其提供句型模板，使其完成本课时的目标语言点即可。也就是说对基础不同的学生，可以设定不同的能力目标和基本语言能力目标。

2. 教学过程

（1）反思自我

优点：课堂环节时间控制合理，能够根据学生的任务完成状况微调教学进度；能够与远端学校教师及时就提问、组织小组活动等环节默契沟通；教学活动以学生为中心，能够适当给予做法指导，保证学生按照教师的引导完成每一教学内容的学习。

不足：两校的交互形式单一。

措施：借助多媒体手段实现多元互动，如希沃白板5中的课堂活动可以增加两校竞争、互补合作等交互环节。

（2）反思学生

优点：学生的学习积极性高涨，气氛活跃。中心校学生认真参与每一课堂活动，教学点学生主动与中心校师生互动。课堂活动中，如对思维导图的初步认识和应用、综合已知语言知识完成自我介绍等设计，从学法和综合语言运用能力上培养了学生的英语思维。

不足：在口语表达的过程中，学生对语法的认识不够清晰。

原因：口头作文没有要求学生成文，以至于有些学生表达不清，其他学生无法评价其存在的问题。

措施：口语展示环节可以将表达内容书面化，教师用手机将语音转化为文字并投在屏幕上，两校学生可以更加直观地观察并评价。

（3）反思远端学校教师

优点：远端学校教师能够配合主讲教师完成各环节的课堂活动，并且在提问环节根据问题的难易程度，找到与教学点英语基础相匹配的学生回答，避免了主讲教师因不了解教学点每个学生的学习状况而给予提问学生过难或过于简单的问题。

不足：在小组合作环节，教学点任务的完成度呈现不清。

原因：远端学校教师通过微信向主讲教师反馈远端班级的学习情况，没能直接在屏幕中呈现。

措施：课前，设计好两端教师在各环节沟通内容。

3. 课堂效果

（1）整体效果

优点：大部分学生在小组合作过程中能够主动学习、积极思考，全情投入到课堂活动中。两端教师配合顺畅，两校互动小组合作成果的传输及时。

不足：教学点学生的参与程度略低于中心校学生。

原因：课堂活动中，教学点无法实际操作白板互动等一些环节，与中心校相比，教学点学生的参与频率较低。

措施：如果有些环节教学点学生无法实际参与，主讲教师应该给予教学点学生其他更多的表达和展示机会，尽量保持两校互动频率的均衡，并且两校互动方式可以多元化，增加两校生生互评的环节，增强互动性。

（2）教学目标达成度

1）知识与技能。学生能够通过课前自主学习及课上活动的巩固，掌握基本词汇、短语和句型的表达。在绘制文章思维导图的过程中，可以看出学生已经具备捕捉文章信息、形成简单思维导图的能力。在自我介绍环节，大部分学生可以流畅、准确地完成自我介绍的口语表达。但是，在课后与远端学校教师的沟通中了解到，两校都有一部分还未能达到该目标，这也与部分学生的英语基础不好有关，需要经历一个循序渐进的学习过程。

2）过程与方法。在借助思维导图复述文章、运用所学语言知识进行自我介绍时，两校学生已掌握使用方法，但是需要进一步结合学习内容反复、刻意练习才能达到熟练地使用。

3）情感态度与价值观。经过这节课对语言知识的学习和方法的指导，教学点学生有意识地主动表达，并且从他们的回答中可以发现明显的自信心和师生评价后的成就感。在小组合作过程中，中心校学生互帮互助，完成了学生卡的绘制，卡片上自我信息的填写基本正确，学生通过课堂合作增强了合作意识。

九、案例点评

本案例是一节主题为"My name's Gina"的英语课。从教案中的学情分析、内容选择、目标设计、活动设计、流程安排、教学评价来看，很好地体现了同步课堂的"双师协同""兼顾两端"的特征。

关于双师协同，课前，两端教师相互协商，基于两端学情分析结果，商定教学目标和教学重难点。课中，远端学校教师配合主讲教师组织本地学生完成思维导图、电子卡片制作等，同时向主讲教师反馈本地学生的学习情况，上传学生作品等。

关于兼顾两端，课前的学情分析、目标确定、教学重难点的分析都兼顾了两端学生的学情差异，课中的教学活动组织也充分调动了两端学生的参与和互动，如互送英语歌、分享学生卡等。

在多元互动方面，整体来看，交互仍然以班级内的师生、生生交互为主，两端师生、生生之间的交互有待加强和改进，进而更好地提升远端学生的课堂参与度。

7.2.2　同步探究模式

同步探究模式是指两端教师通过协同组织两端班级学生开展"基于问题的探究学习"活动，促进两端学生知识增长和能力提升。在该模式的教学中，两端班级的学生共同围绕某研究课题，在两端教师的协同指导下，开展自主、合作与探究学习。该模式旨在改变传统课堂学生以听讲为主、参与度不高等问题，倡导学生在真实问题情境中获取科学知识，注重对学生的知识体系构建和科学思维、创新精神和实践能力的培养。在同步探究模式中，师生、生生之间的互动和交流尤为关键，因此教师要注重真实情境的创设、探究问题的设计、探究资源的准备、探究过程的指导等。例如，问题情境要有一定的自由度和层次性，要能够反映现实世界的复杂性，问题应为开放性问题，答案没有对错之分。

同步探究模式的具体实施包括课前、课中、课后三个阶段（图 7-3）。

在课前阶段，首先，双师要进行学情调研，了解学习者的特征、知识基础、学习需求等，确定探究目标、探究内容及探究任务。其次，主讲教师根据目标和任务，通过网络平台发放预先设计好的学习资源（如课件、视频、文本、练习题等）。最后，因为是同步探究模式，教学环境必须满足音视频双向交互的要求，主讲教师和远端学校教师应提前进行设备调试，以保证教学的顺利开展。与主讲教师相比，远端学校教师更加了解本地学生的学习情况，因此要协助主讲教师快速掌握学情，与主讲教师协同备课，共同商讨确定探究目标、探究内容和探究任务；协助主讲教师完成学习资源的设计、整合和下发。课前阶段，学生的主要学习任务包括预习与探究主题相关的内容，做好探究准备。

在课中阶段，主讲教师主要开展以探究为主的教学活动，包括创设任务情境、引导探究主题、制定探究任务、答疑解惑，以及按照主课堂和异地课堂学生比例选取代表作品进行展示和点评，对学科知识进行总结。在教学过程中，远端学校教师的主要任务是帮助主讲教师组织课堂管理并维持教学秩序，同时为本地课堂的学生进行答疑解惑，帮助其解决学习问题，进行探究成果展示。另外，远端学校教师在探究过程中能够清晰地看到学生的表现，因此其可以为异地学生提供个性化的评价。在这一阶段，学生的主要任务包括以小组的形式交流讨论、提出探究问题、开展探究，以及生成和展示探究成果，并进行互评等。

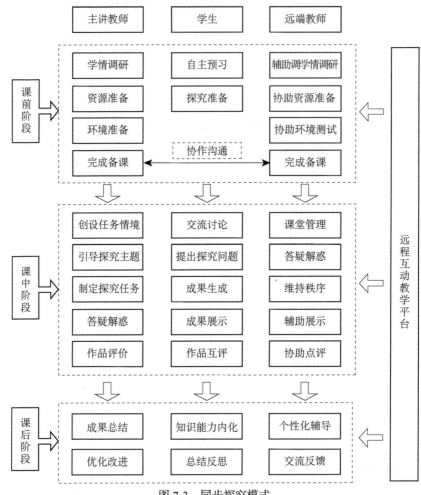

图 7-3　同步探究模式

在课后阶段，主要以研讨和反思为主，主讲教师总结同步探究过程中的教学成效，进一步优化教学方案，完善课程设计。远端学校教师因为在空间距离上更加接近本地学生，可以为学生做好个性化辅导，并且通过自己的实地观察，将学生的行为表现及对课程的评价信息反馈给主讲教师，为改善教学效果提供依据。在这一阶段，学生的主要任务包括对相关知识和能力的内化、进行自我总结与反思。

以下选取了小学科学课的同步探究教学设计案例，供教学实践者参考。

案例 2：同步探究教学设计案例（小学科学）

一、基本信息

科目：小学科学

课题名称：植物的生长变化

授课类型：新授课

教材版本：科教版

计划学时：2 学时

授课时间：90 分钟

主讲教师：A 教师

远端学校教师：B 教师

中心校：C 学校

教学点：D 学校

二、教学内容分析

学生已经学习了动物的生命过程，本节课通过对植物生长过程的观察与探究，以植物的生长过程为认知逻辑，从种子、根、茎、叶、花、果实的角度认识植物的整个生命过程发生的规律性变化，以及各个器官的结构功能。

三、学情分析

1. 一般特征

四年级的学生已经开始从低阶的形象思维向高阶的抽象思维转变，具备一定的概括分析能力，但大部分还是习惯使用形象化、口语化的表达。

2. 初始能力（包括探究学习能力等）

1）主讲端学生：已具备一定的观察能力，探究能力有了很大的提高。他们对周围世界有着强烈的好奇心和探究欲望，愿意动手操作具体、形象的物体，但仍然无法利用科学的方法和步骤探究科学现象，缺乏一定的科学思维。

2）远端学生：由于科学知识有限，很难自主使用科学的方法进行实验探究，语言组织、表达能力也相对较弱，但是对科学知识具有很强的学习兴趣，乐于动手操作。

3. 学习风格

两端学生大部分倾向于运用观看图像、视频的方式接收外来信息、学习新知识。对科学知识来说，学生对动手实践操作有着极强的兴趣。

四、教学目标

1. 知识与技能目标

1）能够说出种子的内部构成。（两端学生的共同目标）

2）能够区分植物的根、茎、叶。（两端学生的共同目标）

3）能说出植物的根、茎、叶的作用。（两端学生共同目标）

2. 过程与方法目标

1）能够通过实验探究植物的根、茎、叶的作用。（两端学生的共同目标）

2）能够制作种植杯，制定观察计划，坚持观察植物的生长变化。（两端学生的共同目标）

3. 情感态度与价值观目标

1）能够养成探究植物生长奥秘的兴趣，养成认真细致、坚持观察的科学态度。（两端学生的共同目标）

2）能够养成良好的语言表达能力，增强学习的兴趣和信心。（远端学生的目标）

五、教学重难点

1. 教学重点

1）观察描述植物种子的外部特征及内部构成。

2）观察描述植物种子发芽的过程。

3）观察描述根、茎、叶的特征。

4）通过观察解释根、茎、叶对植物的作用。

2. 教学难点

探究植物生长过程中根、茎、叶分别发挥的作用。

六、教学模式

"植物的生长变化"这一主题，学生只有通过动手实践、探究学习，观察了解日常生活中植物的生长过程有哪些变化，才能更为深刻地了解植物的生长规律。因此，采用同步探究模式，可以带动两端学生共同达成教学目标，展示分享探究成果，培养远端学生学习的兴趣和信心，让他们能够接触更多的科学知识。

七、探究任务的设计

1. 确定探究任务

学生选取家中常见的植物种子，种植、观察并记录种子萌发生长的过程，探究植物的根、茎、叶发挥的作用。

2. 选择该探究任务的理由

该探究任务让学生从植物的初始形态（种子）开始观察生长过程中的变化。对两端学生而言，探究材料易于选取，探究内容贴近学生生活，能够激发学生的学习兴趣。

八、教学环节

（一）课前协同备课、探究预习

1. 主讲教师活动

1）与远端学校教师共同选取探究教学主题和内容，分析两端学生的学情，制定教学目标。

2）合作制作探究任务支架。（两端学生不同）

3）发放探究任务单，让学生提前熟悉探究任务；引导主讲端学生课前了解书本相关内容。

2. 远端学校教师活动

1）辅助主讲教师设计探究教学内容和活动，合作制作探究任务单。

2）发放探究任务单，让学生提前熟悉探究任务，对学生存在疑惑的任务进行解答；引导远端学生课前了解书本相关内容。

3. 学生活动

两端学生预习与探究主题相关的学习内容，做好探究准备。

4. 媒体资源

探究任务单、课件。

5. 设计意图

提前向学生说明本节课的任务，给学生进行准备的时间，有助于活动顺利开展。

（二）主题导入

1. 主讲教师活动

播放大自然植物的生长过程视频，为两端学生讲解探究背景内容，引出探究主题。

2. 远端学校教师活动

强调重点内容，引导学生阅读教材。

3. 学生活动

两端学生根据教师的引导，观看视频，阅读教材内容，思考探究主题。

4. 媒体资源

课件、视频。

5. 设计意图

通过播放视频，让学生了解本单元的学习主题，激发学生探究的兴趣和好奇心。

（三）任务描述

1. 主讲教师活动

1）展示探究任务，要求两端学生以自己的生活环境为载体，开展探究植物生长过程的活动，给出探究任务单，解答疑难问题。

2）要求主讲端学生采用多种方式展示最终探究成果。

2. 远端学校教师活动

1）根据远端学生的情况，重复任务内容，解答疑难问题。

2）要求远端学生至少完成探究任务单，展示分享，有条件的学生可以采用其他形式分享。

3. 学生活动

两端学生接收探究任务单，对存疑的问题进行提问。

4. 媒体资源

课件、探究任务单。

5. 设计意图

明晰探究任务及背景知识，让学生对探究活动有清晰、系统的认识，激发学生的学习兴趣。

（四）讨论交流

1. 主讲教师活动

1）引导学生讨论探究主题，制定探究任务计划。

2）回答学生讨论过程中提出的问题。

2. 远端学校教师活动

1）引导学生讨论探究主题，制定探究任务计划。

2）回答学生讨论过程中提出的问题。

3. 学生活动

1）以小组为单位讨论探究主题，制定探究任务计划。

2）远端学生针对探究任务单中的难点提出问题。

4. 媒体资源

没有具体的媒体资源。

5. 设计意图

1）两端教师协同配合，分别组织本地班级学生围绕探究主题进行讨论。

2）两端学生以小组为单位进行讨论，生生互动，集思广益，不仅体现了团队合作的智慧，也营造了良好的课堂氛围。

（五）自主探究

1. 主讲教师活动

对学生课后自主探究过程中遇到的问题进行回答。

2. 远端学校教师活动

对学生课后自主探究过程中遇到的问题进行回答，向主讲教师反馈疑难问题。

3. 学生活动

1）两端学生根据探究任务单，课后自主完成探究任务，观察植物种植的现象，并提出探究问题。

2）远端学生向远端学校教师或主讲教师询问探究过程中的问题。

4. 媒体资源

没有具体的媒体资源。

5. 设计意图

自主探究任务单旨在给学生科学探究的方法支架，培养学生科学探究的思维和精神。

（六）展示分享

1. 主讲教师活动

1）分别选取两端学生代表，要求分享展示探究计划、探究过程、探究中存在的问题、探究结果等。

2）上传学生的探究任务单和其他形式成果。

2. 远端学校教师活动

1）指导远端学生进行汇报展示。

2）上传远端学生的探究任务单。

3. 学生活动

两端学生代表分别展示分享探究成果，其他学生观看。

4. 媒体资源

学生探究成果。

5. 设计意图

1）两端教师协同组织本地学生展示汇报。

2）通过展示分享，培养学生的语言组织和表达能力，培养远端学生分享、表达的勇气。

（七）评价总结

1. 主讲教师活动

1）给学生发送学生互评表，引导学生对另一方学生的作品进行评价。

2）对学生的作品进行点评，最后总结完成探究任务的方法，讲授其中的科学知识。

2. 远端学校教师活动

1）给学生发放学生评价表，引导学生对另一方学生的成果进行评价。

2）点评远端学生的探究作品，并给予肯定鼓励，同时指出需要改进之处。

3. 学生活动

1）两端学生对另一方进行展示的学生作品进行评价。

2）聆听主讲教师对实验的总结和讲授的知识。

4. 媒体资源

学生互评量表。

5. 设计意图

采用教师点评、两端学生互评的方式，加强师生互动和生生互动，以激发两端学生的学习动机，并帮助学生养成科学探究的好习惯。

九、教学评价设计

1）学生互评：学生倾听别人的展示分享，利用互评量表进行具体评价。

2）教师评价：教师针对学生完成探究任务的情况进行评价，指出需要进一步改进的问题，并提出改进建议。

十、教学反思

1. 教学设计方面

选取的教学内容新颖，贴近学生的日常生活，学生能够在动手实践中探究学习知识，激发两端学生的学习兴趣，教学活动组织较为合理，能够体现探究的特色。

2. 教学实施方面

两端教师课前进行了良好的协商，课中配合相对默契，也给学生提供了必要的指导和帮助，如在探究学习过程中回答学生的实验问题，解答任务单中的难点，较好地调动了两端学生的课堂参与积极性，体现了两端学生的课堂主体地位。

但本节课实验探究任务中的分析现象原因的部分，对于远端学生来说有一定的难度。远端学生对产生的现象不能合理联想，远端学校教师课后缺少及时解释，对原因的分析可能缺少合理性。如果课前给学生一些辅助材料（微课、动画、科普文章等），提前准备，可能会更有助于激发远端学生的学习兴趣和动力。

十一、案例点评

该案例中，两端教师组织两端学生围绕"植物的生长变化"主题开展同步探究活动，以小组为单位进行讨论，制定探究计划，提出疑难问题。课后选择家中常见的植物种子，种植并观察，充分调动了两端学生的参与积极性，体现了学生的课堂主体地位。从同步课堂角度看，该案例较好地体现了"双师协同""兼顾两端"的特征。

关于双师协同，课前，两端教师讨论与交流，协同分析两端学生学情的差异，设计教学内容、教学目标、教学活动、教学评价等；课中，远端学校教师配合主讲教师的授课，组织引导远端学生进行讨论交流、课堂评价等活动，并在学生探究活动中解答疑难问题，向主讲教师即时反馈课堂进度。

关于兼顾两端，教学内容选取、教学目标制定、教学活动设计方面均兼顾了两端学生的学情，双师在课前协同商议确定适合两端学生学习的内容，以及教学活动的组织形式是否适用。

关于多元互动，整体来看，互动仍然以课堂内的师生互动为主，两端学生在评价环节进行互动，评价展示分享的成果。

7.2.3 同步讨论模式

讨论式教学模式是适应培养创造性人才的需要，在系列问题导引下、在教师主导下的以生生、师生讨论为主要教学推进手段的模式。[①]同步讨论模式是同步课堂环境下开展的讨论式教学模式，是以提升学生独立思考、获取真知能力和创新精神为主要目的，由主讲教师和远端学校教师协同设计、组织，引导两地或多地学生围绕特定问题自主学习、深入交流、相互探讨的一种课堂教学模式。该模式强调学生的学习主体性，以及学习过程中两端师生、生生的多元互动和深度交流。同步讨论模式可以灵活采取多种不同的讨论形式，如汪学均认为可以组织多媒体展示式讨论、自由发言式讨论、分组交流式讨论、辩论式讨论等。[②]但无论哪种讨论形式，在这一教学模式下，教师不仅仅是授业者，也是合作者、学习者；学生不再是接受知识的容器，而是变成学习的参与者和控制者，其积极性、主动性和创造性不断得到激发，教学过程也因此从封闭走向开放。同步讨论模式的实施包括课前、课中、课后三个阶段（图7-4）。

课前阶段，主讲教师首先与远端学校教师共同讨论，为讨论活动的开展做准备，包含确定讨论问题、讨论内容、讨论形式及制定评价机制。其次，主讲教师要准备学习资源，即通过网络平台，向学生下发预先设计好的与讨论主题相关的资料，如文本资料、视频资料等。最后，主讲教师要提前进行教学环境的准备，

---

① 张为民. 谈"讨论式教学模式" [J]. 课程·教材·教法，2001（2）：40-44.
② 汪学均. 视频互动同步课堂教学模式研究[J]. 中国电化教育，2017（4）：122-128.

能够满足异地音视频实时通信交流，提前调试设备，布置教学环境，使之适合同步讨论模式的要求。远端学校教师的主要任务包括：①协助主讲教师完成开展讨论活动的准备工作；②督促本校学生完成讨论前相关资料的准备和预习工作；③协助主讲教师完成异地课堂教学环境的布置和设备调试工作，以保证讨论活动的顺利开展。在这一过程中，学生的主要任务是认真查阅资料，在教师的引导下进行任务分工，并准备发言提纲。

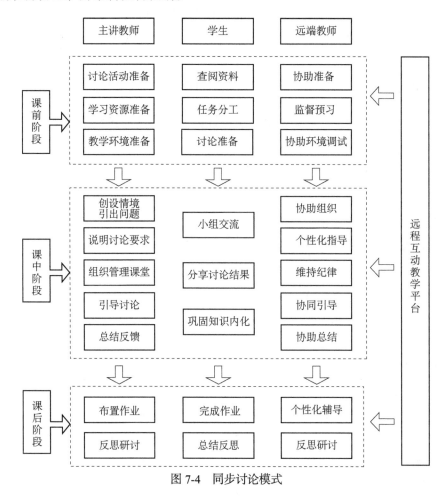

图 7-4 同步讨论模式

课中阶段，主讲教师主要开展以讨论为主的教学活动，具体如下：①创设情境，引出讨论问题；②向学生说明讨论要求；③组织管理课堂活动；④引导控制讨论内容；⑤总结反馈讨论结果。在这一过程中，远端学校教师的主要工作包括：①协助主讲教师进行讨论活动的组织；②在讨论过程中，为本校学生提供个性化的指导；③维持本校课堂纪律；④协助主讲教师引导和控制讨论内容，以免偏离讨论主题；⑤协助主讲教师梳理和总结知识。在教学过程中，学生的主要任务是参与小组交流和讨论、就讨论问题进行发言、展示讨论成果、完成知识的巩固和内化。

课后阶段，主讲教师的主要任务包括布置作业、反思讨论过程。远端学校教师则为本校课堂学生提供个性化的辅导，并为主讲教师提供反馈信息，协同完成研讨和反思任务。在这一过程中，学生的主要任务是完成作业、对知识点进行总结和反思。

下面以道德与法制课程为例，呈现同步讨论教学设计案例。

案例3：同步讨论教学设计案例（道德与法治）

一、基本信息

科目：道德与法治

教学主题：认识自己

授课类型：展示汇报（辩论赛）

教材版本：人教版

计划学时：1学时（40分钟）

授课教师：主讲教师A、远端教师B

授课班级：中心校A班、教学点B班

二、教学内容分析

1. 内容概述

"认识自己"是《道德与法制》人教版七年级上册第一单元的内容，学生来到新的环境面临着许多改变，本课内容旨在让学生了解自我评价的重要性，客观评价并接纳自我。其中，包含几层内涵：第一，认识自己的重要性，认识自我能促进自身的发展，增强自信心；第二，正确认识自我有助于与他人建立良好的社会关系；第三，认识自我需要以多元的视角和发展的眼光看待自己。该教学内容也为学生后续的初中学习生涯奠定了必要的身心健康基础。主讲端学生需要更加关注自己深入挖掘信息、准确表达的能力，远端学生在完成辩论赛有关信息处理和加工的基础上，还应克服胆怯、羞涩的心理，学习从容、大胆表达自我观点的能力和技巧。

2. 教学重点

正确认识自己的重要性和掌握正确认识自己的途径与方法。

3. 教学难点

理性对待他人评价，懂得认识自我、悦纳自我、评价自我。

三、学情分析

1. 一般特征

七年级的学生刚刚进入初中，自我意识开始增强，经常会产生我是谁、我的能力是什么、我有怎样的价值、我要成为什么样的人、别人如何看待我等自我审视问题。初中生十分注重自我形象，往往过于在意他人的评价，教师需要对学生进行引导，学会理性看待他人评价，接纳自我、欣赏自我，养成阳光、积极的心态和生活态度，乐观自信地与他人交往，发掘自己的长处与潜力，认识到自己的独特性。

由于学习环境的差异，两端的学生也存在一些差异，主讲端学生相对来说更为外向，更乐于在合作分工中完成自我角色的扮演，表达自己的观点时更为勇敢和大方。远端学生更容易出现害羞等心理障碍，需要教师给予学生及时而有力的反馈和鼓励，促进两端学生在辩论赛中更好地发挥，赛出水平和风采。

2. 初始能力

七年级学生已经具备一定的抽象和逻辑思维能力，喜欢与他人沟通交流，能够梳理并表达自己的观点。因此，本课程适合采用辩论或讨论的方式开展，教师发挥组织角色的作用，让学生充分参与合作，在交流协作和思想碰撞中共同学习。

关于合作学习与团队分工，主讲端学生的适应性可能相对更好，远端学生可能对合作式学习较为陌生，因此远端学校教师的职责发挥尤为重要，要关注学生在合作过程中的表现，给予针对性的指导，最大限度地确保学生高效合作，汇聚思想和智慧。

3. 学习风格

由于学生的家庭教育和社交水平等存在差异，一些学生热情大方，反应迅速；一些学生喜欢独立学习，不善于与同伴交流。因此，需要调动学生形成和谐的任务共同体，发挥每名学生的独特性。多数学生希望在学习的过程中得到表扬。在小组组建过程中，两端教师需要注意异质分组，合理分工，注重学生之间的合作表现，并给予适当的引导。

4. 信息素养

学生能够在教师的引导下自主合作，共同完成学习任务，学生能够在合作中汇聚信息、收集数据，进行简单的分析和总结。

相对于主讲端学生而言，远端学生的信息素养相对薄弱，辩论准备前期需要教师给予更多耐心和帮助。

四、教学目标

1. 知识与技能目标

能说出如何以发展的目标全面认识自我，能列举认知自我、发展自我和完善自我的途径。

2. 过程与方法目标

通过辩论活动，理解自我评价的多元性，体会客观、全面认知自我的重要性。

3. 情感态度与价值观目标

能够明白客观认识自我十分重要，且具有挑战性，要以发展的眼光看待自己，理性面对他人的评价，发掘自己的潜力。

通过辩论赛，使远端课堂的学生改善因为学习成绩不够好而产生的自卑心理，认识到自己的长处，增强自信心，同时认识到知识的价值，从而努力学习，促进自我成长；主讲端学生学会全面地评价和认识他人，避免采用单一方式来判断他人，不轻视成绩暂时不好的同学，学会尊重他人。

五、教学模式

选择同步讨论模式的理由如下：该教学内容落实了青少年的素质教育，培养了学生对"优秀生"的多元认知，理解学业成就并不是评价人的唯一标准，教会学生接纳自己，取悦自我，发现自己和身边同学的优点，学会尊重他人，接受不同人的差异性和多样性，做不一样的自己。适合通过辩论活动，让学生在思想的交流中形成对"优秀"的多元评价思想。每个人都有闪光的一面，要全面认识自我，从而帮助学生养成正确的价值观，学会合作与交流，提高表达能力。该教学单元采用辩论赛的形式，更是体现了以"学"为中心的教育理念。

课前，教师为学生准备并推送有关辩论赛的规则及案例视频，让学生提前了解赛制，对进行学生异质分组，分小组开展合作探究，围绕辩论主题搜集观点及论据，为课堂辩论赛做准备。课中，主讲端和远端学校教师协同引导本地学生和异地学生开展辩论赛，并围绕辩论的内容做出评价和进行总结。

六、教学过程

同步课堂的教学过程可以根据实际需求进行安排，例如，课前，准备了解辩论赛规则、正反方分组，进行合作准备；课中，两端教师协同组织开展辩论、点评及总结等，设计时可以根据学科特点及讨论主题灵活调整。

（一）辩论主题的确定

1）辩论主题：成绩高是好学生/不一定是好学生。

2）选择该辩论主题的理由：进入初中的学生面对展现的环境容易感到焦虑、不适应，部分学生可能存在自卑心理，过于在乎他人的评价，对自己进行不客观的评价。选择该辩论主题，是希望学生在交流过程中能够意识到个体的多样性，人们对优秀的评价标准是多样的，我们应客观评价自己，培养自信心，发展自我潜能。

3）辩论目的：学生通过辩论进行思想碰撞，懂得以多元的视角开展自我评价，学习认知自我、发展自我的正确途径，理性对待他人的评价，发掘自身的潜能和闪光点，从而达到本节课"认识自我"的学习效果。

（二）教学环节

1. 课前

环节 1：确定辩论主题、辩论双方

1）主讲教师活动：与远端学校教师协同选取辩论赛题（本案例以成绩高是好学生/不一定是好学生为例）。

2）远端学校教师活动：与主讲教师协同选取辩论赛题。

3）学生活动：学生代表通过随机抽取的方式，敲定正反方（假设主讲端为正方，远端为反方）。

4）媒体资源：视频、文本。

5）设计意图：协同备课，关注两端差异，给予针对性指导。

环节 2：前期备赛

1）主讲教师活动：①引导学生开展自主学习、角色分工；②为学生提供与赛题相关的资料、学习任务单，作为引导材料，内容包括辩论赛的主要流程和规则；③利用课后实践活动时间，为学生简单介绍辩论赛的形式；④教师指导学生深入挖掘观点、收集论据；⑤教师针对答辩技巧和表达给予指导。

2）远端学校教师活动：①教师辅助学生围绕辩论主题进行分工，指导学生如何根据学习任务单开展合作；②教师介绍辩论赛规则；③教师组织班级中各小组汇总收集到的观点和论据，针对观点进行讨论，修改论据，并为己方辩手出谋划策。

3）学生活动：①两端学生在教师的指导下分别推选出一辩、二辩、三辩、四辩、主持人（两端各选出一名学生主席，协同主持辩论赛）、学生评委、计时员；②学生分小组围绕己方论题开展任务分工，收集论点和论据；③两端学校的主持人在教师的帮助下，撰写主持串词，确定各自在辩论赛中的播报分工，并利用信息工具开展交流及排练。

4）媒体资源：课件、学习任务。

5）设计意图：围绕辩论赛进行周密的前期准备，做好分工与合作。其中，主讲端学生的自主学习能力、分工合作能力相对较强，可以根据任务支架自主学习。远端学生需要教师更多的耐心指导，尤其是前期分工及合作过程中观点的汇聚，在教师的引导下，学生渐入佳境。

环节 3：环境调试

1）两端教师共同活动：场景布置+设备测试。①赛前，两端教师指导学生布置教室，保证辩手在镜头前，学生在辩手身后呈现；②对设备进行调试，使得两端大屏幕上都能显示出对面布置好的教室场景，确保课件页面播放正常、倒计时正常。

2）学生活动：在教师的引导下布置教室，调整设备。

3）媒体资源：课件、倒计时工具。

4）设计意图：布置辩论赛的环境，营造课堂氛围感，调动学生参与。

2. 课中

环节 1：辩论开场

1）主讲教师活动：①教师介绍班级学生的主要任务、评价方式；②教师对远端师生进行介绍和致敬；③移交课堂主持权给学生。

2）远端学校教师活动：①向本班学生描述任务，要求赛后旁听学生评价双方的表现，总结辩论内容；②介绍主讲校师生，并表示欢迎；③将课堂主持权移交给学生。

3）学生活动：①两端辩手准备开始辩论，旁听学生准备好课堂记录单，做好记录，打分员进行打分；②两端学生主持共同完成开场陈词，宣布辩论赛正式开始。

4）媒体资源：课件、同步课堂技术环境。

5）设计意图：明确课堂中不同角色的任务，强化学习动机。

环节 2：辩论过程

1）主讲教师活动：①维持课堂纪律，对方选手在辩论过程中组织本班学生倾听；②应对课中的突发情况，对辩手及时给予鼓励；③对辩论中涉及的论点和论据进行记录和梳理总结。

2）远端学校教师活动：①维持课堂秩序；②鼓励本地学生进行立论；③对突发意外进行处理和引导；④总结和梳理重要观点。

3）学生活动。

【立论】

第一，主讲端正方一辩开篇立论，3 分钟。

第二，远端反方一辩开篇立论，3 分钟。

学生主持人负责串场，旁听学生记录其表现及个人想法。

【驳立论】

第一，远端反方二辩辩驳对方立论，2 分钟。

第二，主讲端正方二辩辩驳对方立论，2 分钟。

学生主持人负责串场，旁听学生记录其表现及个人想法。

【质辩】

第一，主讲端正方三辩提问反方一辩、二辩、四辩各一个问题，反方辩手分别应答。每次提问不超过 15 秒，三个问题累计答复时间为 1 分 30 秒。

第二，远端反方三辩以同样规则提问正方一辩、二辩、四辩。

【质辩小结】

第一，正方三辩质辩小结，1 分 30 秒。

第二，反方三辩质辩小结，1分30秒。

【自由辩论】

正反方自由辩论。

【总结陈词】

第一，反方四辩总结陈词，3分钟。

第二，正方四辩总结陈词，3分钟。

双方互相致谢。

4）媒体资源：课件、同步课堂技术环境。

5）设计意图：教师作为活动的组织者，调动学生的学习主体作用。

环节3：课堂总结

1）主讲教师活动。①向远端学校教师汇总学生打分情况，宣读获胜方；②组织本地学生对远端学生的表现进行评价；③先邀请班级学生分享在辩论赛中的收获，同时利用多媒体、板书对辩论中涉及的观点进行梳理总结，对学生没有涉及的知识进行必要的补充；④感谢远端师生，告别；⑤教师布置课后作业，写一篇作文，题目是"认识自己"。

2）远端学校教师活动：①向主讲教师汇总打分情况；②随后组织本班学生对主讲端学生的表现进行评价；③随后组织班级学生对主讲端师生进行评价；④对部分知识点进行补充；⑤感谢主讲端学生，告别；⑥布置课后作业，写一篇作文，题目是"认识自己"。

3）学生活动：①负责打分的学生整理打分数据，提交给教师；②小组汇总辩论过程中的观点记录和评价情况；③学生在教师的组织下开展评价。

4）媒体资源：课件、同步课堂技术环境。

5）设计意图：教师引领学生进行教学评价，在评价中总结课程隐含的知识，让学生树立正确的价值观，通过作业应用所学知识。在此过程中，要注意表现出对两端师生足够的尊重和必要的辩论仪式感。通过课后作业的撰写，促进学生全面认识自我，对本节课所学进行运用和迁移。

（三）教学活动设计

案例的教学评价是多主体、多方式和多方位的评价（生生互评、师生互评），注重体现过程性评价材料的形成、双方优缺点的总结。

课后作业：写一篇关于认识自己的作文，谈谈自己本节课的学习体会，与同学分享。

（四）教学反思

虽然案例有许多值得学习和借鉴的地方，但还存在有待改进的地方。例如，跨校网络集体备课，主讲教师和远端学校教师的交流互动不够充分，两端教师的分工需要在多次研讨中细化和明确。此外，教师在辩论活动前后的干预时机和技巧，有待在实践中进一步提炼和总结。对学生的分工、正反方小组的分配等，需要进一步斟酌，后期可以加大创新，探索在同一端分出正方和反方，再开展跨端辩论交互的创新形式，这些需要在后续的课程中进行突破与完善。

七、案例点评

1. 同步课堂活动特殊性的体现

（1）体现双师协同

在定题、前期准备环节，需要两端教师进行多次研讨、配合。辩论结束后，在总结环节，教师也需要提前预设好对课堂总结的不同侧重点，丰富学生的视角。

（2）兼顾两端

两端教师在梳理、呈现相关的知识和材料背景时，要兼顾两端学情、学生的能力，给予学生相应的指导，促进学生在分工与合作中共同完成学习和知识建构、问题解决。

（3）多元互动

两端教师组织学生进行讨论和分享本节课的收获，其间两端师生也可以进行提问和回答，体现两端师生的多元互动。

2. 辩论教学模式案例特点的体现

两端教师组织两端学生开展多层次、分工式、螺旋上升的讨论和分享，整个课堂由学生探究和讨论的学习活动贯穿，充分利用同步课堂环境，以辩论赛的形式来展现，调动学生学习的积极性，发挥学生的学习主体地位和两端教师的引导作用，体现了新课标以"学"为中心的教学理念。

7.2.4　同步翻转模式

同步翻转模式是融合翻转课堂基本流程与同步课堂双师协同和多元互动等核心特征而形成的一种创新教学形态，其实施流程遵循课前异步自学先学、课中同步协作内化的翻转逻辑，即在两端教师基于网络教学平台的协同指导之下，实现课前两端班级异地自主先学，课中两端班级异地同堂互动，以促使两地学生在课外完成低水平的认知活动（如认识、理解），在课堂上与教师、同伴协同开展高水平的认知活动（如应用、分析、综合和评价）①，从而促进学生的高阶能力发展。该模式整体上既保留了翻转课堂的"先学后教、以学定教、流程颠倒、学生中心"等优势，又具备双师课堂"双师协同""多元互动"的基本特征。同步翻转模式的实施分为课前、课中、课后三个阶段（图 7-5）。

课前阶段，包括两端教师的协同设计与两端学生的课前先学两部分内容。

两端教师的协同设计，是指两端教师协同开展学情分析、资源准备、环境准备、学习任务布置等工作。学情分析是指两端教师依托网络技术手段相互交流，对两端学生的知识基础、学习风格、信息素养等进行全面分析，比较两端学生的学情差异，为分层教学目标的确定、教学内容的选择及课前先学资源的设计与开发提供依据。资源准备是指两端教师基于学情分析结果，以两端学生的教学目标与学习内容为依据，确定资源来源，并协同从网络平台检索下载资源，或设计开发资源。资源类型包括学习任务单、微课视频及相关测试题等。环境准备是指同步课堂教学环境的调试与准备，用于保障课中同步学习时网络畅通、设备完善。环境准备还包括对课前自主先学环境的考虑，由于远端学生难以满足学生课前自主先学的环境条件，远端学生课前先学也由远端学校教师组织完成。学习任务布置是指两端教师根据两端学生的学习目标，分别提供适配的微课、习题、学习任务单等学习资源，并布置学习任务，提出学习要求和学习方法指导，还包括基于学生课前学习结果的课中学习任务安排。

两端学生的课前先学，是指两端学生在本地教师的引导下，以合适、可行的方式开展课前先学，完成学习任务，进行自我检测，发现疑难问题等。其中，远

---

① 严文法，包雷，李彦花. 国外"翻转课堂"教学模式的理论与实践探析[J]. 电化教育研究，2016（11）：120-128.

端学生在远端学校教师的组织下完成学习任务，主讲端学生多为自主学习。两端
学生还可以采用恰当的方式进行交流讨论，或向教师提出疑问等。

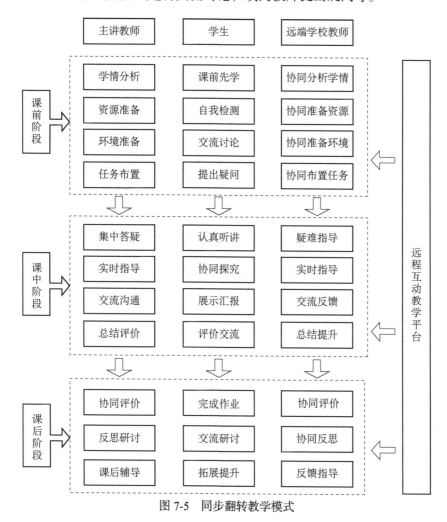

图 7-5 同步翻转教学模式

课中阶段，主要是指两端班级基于网络平台的共学阶段。该阶段，两端教师
协同组织两端学生同步开展"以学生为中心"的学习活动，基本流程如下。

1）主讲教师基于网络教学平台，对学生的课前学习情况进行回顾和总结，
针对共性问题、重点、难点等进行集中答疑，针对个别化问题提供个性化指导。
远端学校教师根据本地学生的实际需要，为其答疑解惑。两端学生认真聆听，获
得学习反馈和疑难指导。

2）两端教师协同组织本地学生完成协作探究任务，为学生提供实时监测和帮助指导。必要时，两端教师可以进行交流沟通。两端学生则分别以小组为单位，开展自主、协作、交流、讨论等学习活动。

3）两端教师组织两端学生进行探究结果的展示汇报，两端学生相互评价，两端教师相互评价。

课后阶段，两端教师针对两端学生的过程表现和学习目标达成情况等进行协同评价，反思教学设计或教学组织实施中存在的问题，并协商制定解决对策。同时，两端教师还要为学生提供反馈指导，帮助学生巩固所学知识。两端学生则在教师的指导之下，完成课后作业，或相互交流，实现拓展提升。

总体来看，同步翻转模式要发挥两端教师的组织、管理、引导、帮助等优势，要兼顾两端学生的学习情况，帮助两端学生共同成长。

以下以数学课程为例，呈现同步翻转教学设计案例。

案例4：同步翻转教学设计案例（数学）

一、基本信息

科目：数学

课题：勾股定理

课时：1课时

主讲教师：杨老师

主讲班级：A中学13班

指导教师：林老师

接收班级：B中学186班

授课时间：2015年9月

教学模式：同步翻转

二、教学内容分析

运用数学翻转课堂、归纳法和任务型教学法进行复习教学。设计真实的情景，让学生在语境中归纳和总结这一单元的学习，本单元的核心项目是"探讨勾股定理"。围绕这一中心项目，课文中设计了运用勾股定理进行运算及理解其原理的各种学习活动。通过本节课的学习，让学生掌握勾股定理的表达和应用，培养学生对数学的热爱和探索精神。

三、学情分析

1）主讲学校学情。主讲学校的学生已经掌握了直角三角形和等腰三角形的基本性质，能够通过简单的辅助线进行几何问题的解决。这时，有必要进行系统学习及巩固，有助于提高和加深学生对勾股定理的理解和掌握。

2）远端学校学情。远端学校学生的数学基础稍微薄弱一些，对抽象概念的理解和逻辑推理能力也没那么好，翻转课堂通过课前预习，帮助他们提升基础水平，缩小与主讲学校学生的差距。

四、教学目标

1. 知识目标

1）学生能够理解并掌握勾股定理的使用条件，并能够用自己的话总结勾股定理的应用范围。

2）学生能够运用勾股定理的逆定理来判断一个三角形是否为直角三角形，并在5道计算题中至少正确解答4道。

3）学生能够使用勾股定理进行基本的几何运算，能够在已知两条边的直角三角形中计算出第三条边。

2. 能力目标

1）学生能够通过具体的直角三角形自主思考三条边之间的关系。

2）学生能够在小组讨论中总结勾股定理的条件，形成良好的合作学习氛围。

3）学生能够在具体的直角三角形问题中进行判断和计算，培养独立思考和解决问题的能力。

3. 德育目标

学生能够了解中国古代在勾股定理研究方面的成就，增强爱国情怀。

五、教学重难点

1）重点：勾股定理的使用条件及其应用范围，学生能够用自己的话进行总结。

2）难点：利用勾股定理进行简单的几何运算。

六、教学方法

翻转课堂法、归纳法、任务型教学法。

七、教学过程

（一）课前准备

1）主讲教师活动：调试同步课堂教学环境，在学习平台发布课前学习资料（包括任务单和微课视频），发布分层学习任务。另外，分析学生课前学习情况，比较两端学生的差异，设计课中教学安排。

2）远端学校教师活动：协同调试教学环境，协同发布资源，组织本地学生观看微课视频，完成学习任务单，进行预习。另外，了解本地学生的学习情况，与主讲教师交流反馈，分析两端学生的差异，协同设计课中活动安排。

3）学生活动：按要求完成课前学习任务，完成测试题。

（二）教学环节

环节1：创设情境激发动机

1）主讲教师活动：观看关于毕达哥拉斯故事的视频，引导学生回顾预习，引出本节课的主题，介绍课前预习情况，对共性问题进行解答，对个性问题进行指导。

2）远端学校教师活动：协助主讲教师维持课堂秩序，确保学生能够认真听讲和思考，为本地学生提供个别指导。

3）学生活动：回顾预习内容，思考并回答主讲教师提出的问题。

4）媒体资源：关于毕达哥拉斯的视频。

5）设计意图：通过创设情境，激发学生的学习兴趣和求知欲。

环节2：探索发现案例分析

1. 主讲教师活动

1）组织学生进行小组讨论，尝试用四个全等的直角三角形拼出"赵爽弦图"，并利用它证明勾股定理。

2）巡视各小组，观察学生的讨论情况，及时给予指导和帮助。

3）请小组代表展示讨论结果，引导其他学生进行评价和补充。

2. 远端学校教师活动

1）组织学生进行小组讨论，鼓励学生积极参与。

2）参与小组讨论，及时解答学生在讨论过程中遇到的问题。

3）协助主讲教师组织学生展示和评价活动，确保活动顺利进行。

3. 学生活动

1）积极参与小组讨论，尝试用四个全等的直角三角形拼出"赵爽弦图"，并利用它证明勾股定理。

2）认真倾听小组代表的展示和讲解，积极参与评价和补充。

4. 媒体资源

"赵爽弦图"。

5. 设计意图

让学生在小组讨论和自主探究中，体验发现问题和解决问题的过程，培养自主学习和合作学习的能力。

环节 3：运用迁移课堂测评

1. 主讲教师活动

1）出示与例题相似的题目（如小小买笔记本的问题和家庭装潢判断墙角是否为直角的问题），让学生自主作答。

2）巡视学生答题情况，及时发现学生存在的问题。

3）请学生分享自己的解题思路，引导其他学生进行讨论和交流。

2. 远端学校教师活动

监督学生自主作答，确保学生独立完成题目。

3. 学生活动

1）自主完成与例题相似的题目，认真思考解题方法。

2）积极分享自己的解题思路，认真倾听其他同学分享，参与讨论和交流。

4. 媒体资源：

相关题目。

5. 设计意图

通过课堂测评，检验学生对勾股定理的理解和应用能力，及时发现学生存在的问题并进行指导。

环节 4：总结展示

1. 主讲教师活动

检查学生课堂测评的作答情况，对普遍存在的问题进行讲解和分析。

2. 远端学校教师活动

协助主讲教师检查学生的作答情况，将学生存在的问题及时反馈给主讲教师。

3. 学生活动

认真听主讲教师对课堂测评结果的讲解和分析，及时纠正自己的错误。

4. 媒体资源

易错题。

5. 设计意图

通过检查效果和深层解答，帮助学生巩固课堂所学知识，解决学生在学习过程中遇到的问题。

环节 5：拓展提高

1. 主讲教师活动

对变式题型进行更深层次的讲解，引导学生突破思维定式，拓展解题思路。

2. 远端学校教师活动

组织学生认真听主讲教师对变式题型的讲解，鼓励学生积极思考和提问。

3. 学生活动

积极思考主讲教师对变式题型的讲解，尝试拓展自己的解题思路。

4. 媒体资源：

相关题目。

5. 设计意图

通过变式题型，提升学生拓展知识的水平，鼓励学生自主思考与探索。

（三）教学评价设计

采用了多元化的评价方式激发主讲学校和远端学校学生参与的欲望和积极性，培养学生在小组活动中积极与他人合作、相互帮助，共同完成学习任务。

（四）教学反思

采用翻转课堂模式为远端学校的学生提供了预先学习的机会，这有助于他们提前梳理和掌握知识点，与主讲学校的学生同步达成学习目标，有效解决了因学生基础差异带来的问题。这种模式鼓励所有学生积极参与课堂活动。然而，本节课的不足之处在于，课堂时间有限，限制了学生进行深入讨论和练习的时间，加之班级人数较多，教师难以全面关注到每个学生的学习进展。

八、案例点评

这一案例采用的是同步翻转模式，采用了课前预习，课中两端教师引导学生自主讨论、探究学习的教学安排，调动了学生的学习兴趣，避免了两端难兼顾的弊端，很好地体现了同步课堂"双师协同""兼顾两端"的思想。

在双师协同方面，课中远端学校教师全程配合主讲教师组织本地学生参与探究活动，完成教学任务。

在兼顾两端方面，分析了两端学生的学情差异，基于学情差异选择了同步翻转模式，采用课前预习缩小两端学生的基础差距，同时组织两地学生参加竞赛加分、小组讨论等活动，能够调动两端学生的积极性。

第 8 章

双师课堂的未来展望

　　随着人工智能、大数据、虚拟现实、5G、多模态数据分析等新兴技术的快速发展，双师课堂的教学环境也将在新技术的加持下不断优化，从而为双师课堂教学实践中的网络不畅、交互不足、效率不高、效果不佳等问题提供破解方案，为深度交互、精准高效的双师课堂运行提供技术支撑。因此，未来的双师课堂将向着精准化、智能化、沉浸式等方向深入发展。

8.1 人工智能技术支持的人机协同智慧双师课堂

人工智能技术的迅猛发展和教育数字化转型的深入推进，使得人机协同智慧双师课堂成为可能。这种模式能够有效融合人类教师智慧与人工智能技术的优势，不仅有助于弥补先前双师课堂实践存在的不足，而且能够重塑双师课堂的形态。

在原先的双师课堂中，主讲教师精力有限，教学负担重，难以在教学设计、教学实施及教学评价方面全面兼顾两端学生，难以保障两端师生、生生之间的深度互动和课堂公平，影响了远端学生的参与感和远端学校教师的主体性，制约了双师课堂的教学效果和师生的全面成长。随着人工智能技术，尤其是生成式人工智能技术的发展，将教育智能体引入双师课堂成为可能。教育智能体能够以"智能助教""智能导师""智能学伴"等不同身份参与其中，助力传统双师向智慧双师转变。例如，作为智能助教的教育智能体，可以分担原本由主讲教师和远端学校教师承担的部分教学设计、教学组织和社会交互任务，实现由"人人双师协同"向"人机双师协同"的转变。这不仅能全面助力双师协同备课、教学和评价，提升教学设计的精准性、教学组织的灵活性和教学反思的深刻性，而且能够减轻主讲教师的教学负担，解决远端学校教师协同不足的问题，使主讲教师拥有得力的助手，使远端学校教师获得榜样引领，为学生提供全面的支持。此外，拥有强大自然语言理解和生成能力的教育智能体，能够与两端学生进行更具人情味的对话交流。

人工智能技术的应用，可以解决远端学生因教师兼顾不到而产生的交互不足、社会存在感不足问题[1]，增强远端学生的学习动机，提升其学习投入度。作为智能导师的教育智能体，可以为远端班级学生提供实时辅导，弥补远端学校教师能力不足和主讲教师兼顾不到的弊端，远端学生能够得到及时的个性化指导与

---

① 刘清堂，巴深，罗磊等. 教育智能体对认知学习的作用机制研究述评[J]. 远程教育杂志，2019（5）：35-44.

反馈。作为智能学伴的教育智能体，既可以作为两端教师的学伴，促进两端教师的专业成长，也可以作为两端学生的学伴，促进两端学生不断进步。

总之，人工智能技术的发展，教育智能体的应用，无论对于双师课堂教学效果的提升还是两端师生的成长，都具有重要意义。例如，史天化将人工智能技术与双师课堂融合，提出了"基于增强虚拟的智慧双师模式"①，通过课前的智能诊学、课中的人机助学、课中的精准评学，将真人教师与人工智能助教的优势充分发挥出来，确保师生、人机、生生的交流通畅和精准高效。不仅如此，人工智能技术支撑的智能教学分析也有助于解决远端学生缺乏有效监督的问题，使得远端学生能够获得更多的关注和学习支持。

8.2　5G 技术支持的强交互双师课堂

双师课堂对网络环境具有强依赖性，足够的带宽和流畅的网络是双师课堂有效开展的基本前提，也是师生实时交互的重要保障。5G 是一种具有高速率、低时延和大连接特点的新一代宽带移动通信技术，在双师课堂中的应用，不仅能够有效解决网络卡顿、延迟等问题，优化双师课堂网络教学环境，保障双师课堂中视音频信号的实时稳定传输，而且其具有的高网速、低延迟及强网络效能等特性②，也将为双师课堂中异地师生、生生的交互提供支持，从而增强双师课堂中主体之间的互动体验，提升优质资源共享能力和智能化应用水平。③例如，传统双师课堂因带宽不够，网络延迟中断、画面模糊不清等问题频现，双师课堂多表现为"主讲端向远端"的单向传输，课堂的互动性不足，影响了师生的体验感和

---

① 史天化. 基于增强虚拟的智慧双师模式构建实证研究[J]. 外语界，2023（6）：81-88.

② 袁磊，张艳丽，罗刚. 5G 时代的教育场景要素变革与应对之策[J]. 远程教育杂志，2019（3）：27-37.

③ 王运武，王宇茹，洪俐等. 5G 时代直播教育：创新在线教育形态[J]. 现代远程教育研究，2021（1）：105-112.

教学效果。5G 技术支持的双师课堂，视音频传输更流畅，实时交互性增强，不仅打破了单向传输的局限，而且使两端师生、生生之间的互动无延迟，实现了实时交流，极大地增强了两端师生的参与感和体验感。此外，受到网络的限制，传统双师课堂多采用同步讲授模式，难以充分调动学生的自主性，难以支持自主、协作、探究、讨论等教学形式。5G 技术支持下的双师课堂能够实现异地课堂之间的无障碍交流，也为基于双师课堂的讨论、探究、项目式教学等模式创新提供了保障。在实践中，一些区域借助 5G 等先进技术的优势，使双师课堂教学环境不断优化，为双师课堂实践提供了强有力的技术支持。例如，湖北省咸宁市咸安区通过部署 5G 网络，为教学交互提供了高速率、低延迟、强连接的技术环境和超高清的视频视觉体验，为同步课堂的实践创设了物理、虚拟和社会相融合的教学空间，提升了同步课堂的教学效果，促进了学生的学习投入，增强了师生的情感体验。①

8.3 多模态数据分析技术支持的精准双师课堂

科学全面的学情分析、精准适切的教学方案与生动有趣的教学活动，是提高双师课堂教学质量的关键。然而，异地多班同堂，课堂规模较大，双师课堂中教师的负担加重，加之基于网络的互动，难以保障沟通频率和交流深度，导致双师难以精准把控两端学生的学情，无法保证教学设计和教学组织实施的针对性，进而影响了双师课堂的教学质量。因此，如何发挥先进技术的优势，全面捕捉学生数据，精准开展学情分析和学习效果评价，实现对学生的精准画像、对教学问题的精准诊断，成为破解双师课堂教学难题的关键。多模态数据分析技术的发展，为解决以上问题提供了可能性。多模态数据能够全方位、多维度、多视角地描述

---

① 韦怡彤，邹敏，田俊等. 空间融合视域下同步课堂教学交互意蕴价值、模型构建与应用研究[J]. 中国电化教育，2024（5）：105-113.

整个教学过程，不仅能够帮助教师和学生了解自己的心理和状态，也有助于师生在教学过程中相互磨合、友好协作。①多模态数据支持下的双师课堂教学环境，能够嵌入多模态数据采集设备，实时捕捉师生的言语、行为、表情、眼动、脑电、心电等多模态数据，并通过多模态数据分析深入挖掘数据背后的意义，进而对双师课堂中的教师教学行为、学生学习投入度、师生互动的深度等进行动态观测和精准把控，对教师教学和学生学习中出现的问题做出精确诊断，为教师修正教学方法、调整教学方案、制定教学决策提供科学的依据。多模态数据分析技术在双师课堂中的应用，能够助力双师精准把控学情，制定符合学生需求和特征的教学设计方案，为学生提供针对性的指导，推送个性化资源，增强学生的参与感和体验感，提升学习效果。同时，也有助于两端教师结合自己的教学画像，了解自己教学过程中存在的问题，并获得针对性的教学指导或适切性的学习资源，促进自身的专业成长。例如，刘清堂教授团队利用多模态数据分析技术，对双师课堂中的师生眼神、手势等多模态数据进行全方位采集，深入分析了双师课堂中的言语互动和非言语互动，深入剖析了同步混合互动课堂中的多模态互动行为特征与模式，提出了促进双师课堂教学效果的教学策略。

总之，随着人工智能技术、5G 技术，以及多模态数据分析技术的快速发展，双师课堂的教学环境将得到进一步优化，双师课堂实践中的协同不足、交互不深、分析不精准等多方面的问题将得到有效解决，双师课堂也将在新技术的赋能之下得到进一步发展。

---

① 张毅，乔雪. 多模态数据赋能教师课堂教学画像研究[J]. 现代信息科技，2022（6）：196-198.

参 考 文 献

陈丽. 远程学习的教学交互模型和教学交互层次塔[J]. 中国远程教育，2004（5）：24-28，78.

陈丽. 远程学习中的信息交互活动与学生信息交互网络[J]. 中国远程教育，2004（9）：15-19，78.

翟博. 教育均衡发展：理论、指标及测算方法[J]. 教育研究，2006（3）：16-28.

孔企平. 数学教学过程中的学生参与[M]. 上海：华东师范大学出版社，2003.

雷励华，左明章. 面向农村教学点的同步互动混合课堂教学模式研究[J]. 电化教育研究，2015（11）：38-43.

李静，张祺，苗志刚等. 中学信息化课堂教学交互行为研究——基于质性分析的视角[J]. 中国电化教育，2014（2）：101-107.

李玉顺，谭律岐，公雪等. 基于活动理论的小学数学课堂教学活动模型建构[J]. 中国电化教育，2022（8）：61-67.

梁林梅，陈圣日，许波. 以城乡同步互动课堂促进山区农村学校资源共享的个案研究——以"视像中国"项目为例[J]. 电化教育研究，2017（3）：35-40.

梁云真，朱珂，赵呈领. 协作问题解决学习活动促进交互深度的实证研究[J]. 电化教育研究，2017（10）：87-92，99.

罗儒国. 建国 70 年教学目标研究的回顾与前瞻[J]. 河北师范大学学报（教育科学版），2019
　　（1）：31-37.

罗志刚. 中国城乡社会协同治理的逻辑进路[J]. 江汉论坛，2018（2）：74-79.

穆肃，董经，唐冬梅等. 信息化课堂教学中教师行为对学生活动的影响[J]. 中国电化教育，
　　2019（8）：91-98.

冉新义. 农村小规模学校"互联网+同步课堂"教学模式研究[J]. 教育探索，2016（11）：35-39.

汤敏. 用"双师教学"模式改造乡村教师培训[J]. 中国教师，2015（10）：78-80.

汪时冲，方海光，张鸽等. 人工智能教育机器人支持下的新型"双师课堂"研究——兼论"人
　　机协同"教学设计与未来展望[J]. 远程教育杂志，2019（2）：25-32.

汪学均. 视频互动同步课堂教学模式研究[J]. 中国电化教育，2017（4）：122-128.

汪学均. 视频互动同步课堂教学效果实验研究[J]. 现代教育技术，2017（2）：47-53.

王成端，顾玉林. 同步课堂教学模式探讨[J]. 西南科技大学学报（哲学社会科学版），2006
　　（2）：97-100.

王宁申. 试论系统观与协同学[J]. 昆明大学学报，1997（2）：29-30，51.

王帅锋，杜晓利. 义务教育从基本均衡走向优质均衡：一个政策调适案例[J]. 教育发展研究，
　　2019（21）：34-40.

魏雪峰，杨俊锋. 同步网络课堂的理念、应用及未来发展[J]. 中国电化教育，2014（9）：93-99.

熊光清，熊健坤. 多中心协同治理模式：一种具备操作性的治理方案[J]. 中国人民大学学报，
　　2018（3）：145-152.

严亚利，黎加厚. 教师在线交流与深度互动的能力评估研究——以海盐教师博客群体的互动深
　　度分析为例[J]. 远程教育杂志，2010（2）：68-71.

杨俊锋，崔丽霞，吴滕等. 混合同步网络课堂有效性的实证研究[J]. 电化教育研究，2018
　　（12）：50-56，77.

杨开城. 以学习活动为中心的教学设计理论——教学设计理论的新探索[M]. 北京：电子工业出
　　版社，2005.

叶澜. 教育概论[M]. 北京：人民教育出版社，1999.

张辉蓉，俞献林. 混合同步课堂促进基础教育优质均衡发展的现实价值和实践逻辑——基于成
　　都七中混合同步课堂的实践探索[J]. 中国教育学刊，2024（4）：1-6.

张伟平，王继新. 信息化助力农村地区义务教育均衡发展：问题、模式及建议——基于全国 8

省 20 县（区）的调查[J]. 开放教育研究，2018（1）：103-111.

张尧，王运武，余长营. 面向城乡教育均衡发展的教育变革——徐州市同步课堂教学模式的设计与实践[J]. 现代教育技术，2019（6）：90-95

郑惠懋. 课堂教学公平的内涵、问题及对策[J]. 教育评论，2017（4）：142-144.

朱虹. 农村小学教师教学反思现状及对策研究[D]. 辽宁师范大学，2021.

祝智庭，戴岭，赵晓伟. "近未来"人机协同教育发展新思路[J]. 开放教育研究，2023（5）：4-13.

Brown A R，Voltz B D. Elements of effective e-learning design[J]. The International Review of Research in Open and Distributed Learning，2005（1）：1-8.

Moore M G. Three types of interaction[J]. The American Journal of Distance Education，1989（2）：1-6.

Sun Y，Ni L，Zhao Y，et al. Understanding students'engagement in MOOCs：An integration of self-determination theory and theory of relationship quality[J]. British Journal of Educational Technology，2019（6）：3156-3174.